Marco Ringel

Dein LEHRERSTARTER Kit

„Was mache ich in der ersten Stunde?“ und 99 andere Antworten auf die drängendsten Fragen junger Lehrkräfte

Klett | Kallmeyer

Inhalt

Marco Ringel

Dein Lehrerstarter-Kit

„Was mache ich in der ersten Stunde?"
und 99 andere Antworten auf die drängendsten Fragen junger Lehrkräfte

Klett | Kallmeyer

Bibliografische Information der Deutschen Nationalbibliothek
Die Deutsche Nationalbibliothek verzeichnet diese Publikation in der Deutschen Nationalbibliografie; detaillierte bibliografische Daten sind im Internet über http://dnb.d-nb.de abrufbar.

Impressum

Marco Ringel
Dein Lehrerstarter-Kit
„Was mache ich in der ersten Stunde?" und 99 andere Antworten auf die drängendsten Fragen junger Lehrkräfte

1. Auflage 2024

Redaktion: Inge Michels
Realisation: Friedrich Verlag GmbH, Hannover
Druck: Beltz Grafische Betriebe, Bad Langensalza
Printed in Germany

ISBN: 978-3-7727-1768-0

Disziplin

Kommunikation

Lehrperson

Grundwissen

Schön, dass du dieses Buch in Händen hältst. Dies lässt vermuten, dass du dich für den aus meiner Sicht schönsten und für die Gesellschaft bedeutendsten Beruf der Welt interessierst. Vielleicht bist du selbst noch in der Schule, in einem Lehramtsstudium; möglicherweise bist du Kollegin oder Kollege an einer Schule. Aber wie auch immer: Dieses Buch soll dich auf deinem beruflichen Weg unterstützen.

Zum Einstieg in den schönsten Beruf der Welt gibt es bereits zahlreiche Fachbücher, Unterrichtshilfen und wissenschaftliche Publikationen. Warum also dieses Buch? Mein Ziel ist es, in diesem Buch genau solche Fragen zu beantworten, die du nicht in Fachbüchern findest. Es sind die einfachen Fragen, die vielleicht so einfach sind, dass sich niemand die Mühe macht, sie zu beantworten. Ich habe durch meine lange Erfahrung als Lehrer und Ausbilder verstanden, dass es gerade diese Fragen sind, die jungen Lehrkräften auf der Zunge brennen. Abgesehen davon beantworte ich in diesem Buch Standardfragen der Unterrichtsgestaltung so, dass sie ohne großes Vorwissen verstanden werden können. Dazu bemühe ich mich um eine wenig wissenschaftliche und leicht verständliche Sprache.

Dieses Buch richtet sich in erster Linie an die Neueinsteiger, also an interessierte Schüler:innen und Schüler, Lehramtsstudierende, Lehrkräfte in der Ausbildung sowie Quereinsteigende ins Lehramt. Mit meinen 100 Antworten möchte ich Orientierung geben und damit den Einstieg in unseren Beruf erleichtern.

Dieses Buch muss übrigens nicht von vorne bis hinten durchgelesen werden. Die Kapitel bauen nicht aufeinander auf. Jede Frage und die zugehörige Antwort stehen für sich alleine. Auf den letzten Seiten dieses Buches ist deshalb ein Stichwortverzeichnis abgedruckt. Dies erschien uns eine gute Idee, da sich die vielen Fragen (Kapitelüberschriften) nicht dazu eignen, zielgerichtet die gerade benötigten Informationen zu finden. Dieses Buch kannst du also auch von hinten lesen, indem du – vom Stichwortverzeichnis ausgehend – genau jene Themen nachschlägst, die dich gerade interessieren.

Auf der Folgeseite siehst du die erste Zeichnung von insgesamt 101. Ich habe versucht, jedes Kapitel durch eine Grafik zu unterstützen. Die Zeichnungen sollen manchmal lustig, zum Nachdenken anregend oder provokativ sein. Bestenfalls lösen die Bilder Denkprozesse oder Diskussionen aus, die dich auf dem Weg zur professionellen Lehrkraft voranbringen. Noch eine Idee: In der Grafik auf dieser Seite wird ein Zettel hochgehalten. Wenn dir dieses Buch überreicht wurde, findest du auf diesem Zettel vielleicht eine Widmung der Person, die dir das Buch geschenkt hat. Wenn du dir dieses Buch selbst geschenkt hast, dann schreibe doch auf den Zettel, was du dir selbst auf dem Weg hin zur glücklichen Lehrkraft wünschst.

Ich wünsche viel Spaß bei der Lektüre dieses Buches.

Warum ist Kooperatives Lernen ein didaktisches Konzept?

Kooperatives Lernen ist ein Konzept, das federführend von Kathy und Norm Green entwickelt wurde und im deutschsprachigen Raum durch Veröffentlichungen von Ludger Brüning und Tobias Saum bekannt geworden ist. Lernen wird dabei in drei Schritte gegliedert:

In der Think-Phase beschäftigen sich die einzelnen Schüler:innen mit einem Lerngegenstand, in der daran anschließenden Pair-Phase kommt es zum Austausch zwischen Partnerteams oder Gruppen, und in der dritten Phase, der Share-Phase, folgt eine Art der Präsentation. Das Wissen wird geteilt.

Neben anderen Bedingungen ist die Progression der Lernschritte eine wichtige Voraussetzung für gelungenes Kooperatives Lernen. Da vorrangig also die Lernschritte entscheidend sind, steht die Didaktik im Vordergrund. Aus diesem Grund sprechen viele von einem didaktischen Konzept.

Die Methode ist beim Kooperativen Lernen häufig ebenfalls ein zentraler Baustein. Es gibt innerhalb des Systems Kooperatives Lernen genau definierte und teils groß angelegte methodische Settings. Diese stehen jedoch nicht im Vordergrund.

Das bedeutet:
Gelungenes Kooperatives Lernen kann bei einem sinnvollen didaktischen Aufbau sehr lernwirksam sein und trotzdem methodisch einfach bleiben.

Ist Frontalunterricht immer schlecht?

Beim Frontalunterricht steht die Lehrkraft vor der Klasse und hält einen Vortrag oder kommuniziert im Unterrichtsgespräch. Einige Lehrer:innen unterrichten über weite Teile ihres Unterrichts in diesem Stil. Dies führt dazu, dass die Aktivierung der Schüler:innen leidet. Deren Aktivität begrenzt sich auf Zuhören und die Beteiligung am Unterrichtsgespräch. Dies wirkt für viele Kinder und Jugendliche sehr ermüdend und ist oft nicht lernwirksam.

Frontalunterricht ist jedoch nicht völlig zu verteufeln. Einerseits gibt es Lehrkräfte, die ihren Unterricht nahezu ausschließlich in diesem lehrerdominanten Stil pflegen, dies jedoch herausragend tun. Es sind sehr gute Rednerinnen und Redner, die oft durch ihr Fachwissen, ihre fachbezogene Emotionalisierungsfähigkeit sowie ihre Ausstrahlung Schüler:innen in ihren Bann ziehen. Die Kinder und Jugendlichen bewundern solche Personen und lernen über diesen Weg. Zugegebenermaßen beherrschen nur wenige Personen diesen Unterrichtsstil. Eine solche Unterrichtsweise kann kaum für das Gros der Lehrkräfte empfohlen werden.

Andererseits ist der Frontalunterricht ein sinnvolles Element vieler Unterrichtsstunden. Der Anteil dieser Sozialform sollte jedoch nicht ausufern. Eine frontale Phase im Einstieg, in der die Lehrkraft beispielsweise eine Fantasiereise anleitet, eine Problemstellung erarbeitet oder eine Sicherungsphase moderiert, ist oft sehr sinnvoll.

Wie teile ich am besten Arbeitsblätter oder Bücher aus?

Echte Lernzeit ist ein Kriterium guten Unterrichts. Damit ist der Anteil der Unterrichtszeit gemeint, in dem die Schüler:innen intensiv lernen und ihre Kompetenzen ausbauen. Die Zeit, in der Arbeitsblätter ausgeteilt werden oder die Bücher aus dem Klassenschrank ausgegeben werden, gehört nicht dazu. Aus diesem Grund ist es wichtig, diese Phasen so zeiteffizient wie möglich zu gestalten.

Eine Lösung sind Klassendienste, das sind Schüler:innen, die einen Austeildienst übernommen haben. Mit etwas Weitblick könnten diese Dienste so eingebunden werden, dass regelmäßige Austeilarbeiten vor der Stunde stattfinden. Im Allgemeinen übernehmen Schüler:innen diese Dienste gerne. Natürlich müssen sie dafür angemessen wertgeschätzt werden.

Arbeitsblätter werden meist während der Stunde ausgeteilt. Diese Phasen sollten bei der Unterrichtsplanung mitbedacht werden. Ist dem nicht so, führen Organisationsphasen im Unterricht häufig zu Problemen.

Tipp:

Oft können Schülerarbeitsphasen dazu genutzt werden, ein Arbeitsblatt verdeckt auf die Tische zu legen. Oder man verteilt zu Beginn der Stunde Blätterstapel auf den Bänken der Schüler:innen, von denen je nach Gebrauch jeweils das oberste Blatt genommen werden soll.

Sollten Smartphones im Unterricht verboten sein?

Über die Frage, ob Smartphones in der Schule oder gar im Unterricht erlaubt oder verboten sein sollen, wurde sicherlich schon in vielen Gesamtkonferenzen gestritten. Schlussendlich muss jede Schule ihren eigenen Weg gehen, solange es keinen allgemein vorgegebenen Weg der weisenden Behörde gibt. Bei dieser Entscheidung müssen die Argumente gegeneinander aufgewogen werden. Für die Smartphonenutzung sprechen die zahlreichen Möglichkeiten, die dieses Gerät für den Unterricht bringt. Neben Recherche, Kommunikationsmöglichkeiten und Taschenrechner können Smartphones als Wasserwaage, Videokamera, Geo-Tracker oder Stimmgerät verwendet werden. Dagegen spricht die Ablenkung der Schüler:innen im Unterricht.

Mein Standpunkt dazu:

Ich persönlich befürworte einen verantwortungsbewussten Umgang mit dem Smartphone im Unterricht. Unter Beachtung klarer Regeln, die sorgfältig thematisiert wurden, sollten die Schüler:innen nach meiner Ansicht das Smartphone gerne im Unterricht nutzen dürfen.

Wie schaffe ich es, dass in der Gruppenarbeit alle arbeiten?

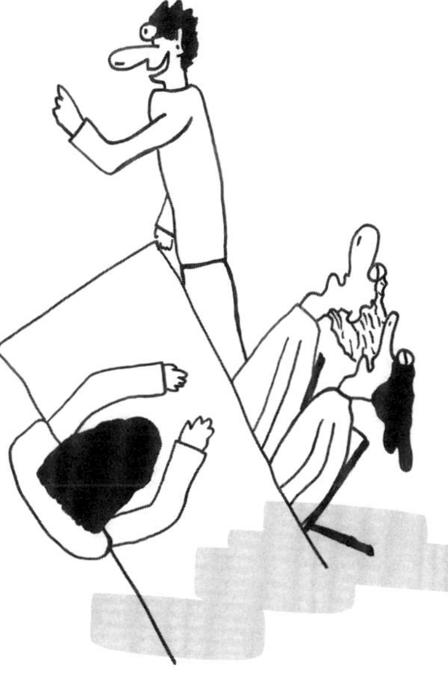

Wer kennt das nicht? In einer typischen Gruppenarbeit sitzen 5 Schüler:innen um einen Tisch herum. Ein Gruppenmitglied übernimmt die Führung, zwei weitere arbeiten, Mitglied Nummer 4 malt ausgiebig an einer Plakatüberschrift herum und ist dabei gedanklich nicht im Thema. Das letzte Teammitglied arbeitet überhaupt nicht mit. Das geschilderte Szenario ist eine typische Verhaltensweise von Menschen, die ohne weitere methodische Anleitung in eine gemeinsame Arbeitsphase geschickt werden. Lehrer:innen müssen deshalb Konzepte entwickeln, die dafür sorgen, dass alle Gruppenmitglieder lernwirksam eingebunden sind.

Ein wirksames Mittel zur Aktivierung aller Gruppenmitglieder ist die im Kooperativen Lernen beschriebene „positive gegenseitige Abhängigkeit“. Dabei bindet die Lehrperson alle Gruppenmitglieder so ein, dass ihre Rolle innerhalb der Gruppe so bedeutend ist, dass ohne deren Mitarbeit das Gruppenziel nicht erreicht werden kann. Diese Aufgabe muss natürlich in einem Umfang gewählt sein, dass in einer heterogenen Gruppe kein Mitglied überfordert wird.

Dies gelingt beispielsweise durch eine arbeitsteilige Informationsphase. Im ersten Schritt liest jedes Gruppenmitglied einen anderen Text und muss diesen im zweiten Schritt der gesamten Gruppe in eigenen Worten erklären. Kinder und Jugendliche können auch dadurch eingebunden werden, dass sie innerhalb der Gruppe Rollen wie Moderatorin, Präsentator oder Zeitwächterin einnehmen.

Wie erreiche ich fachliche Tiefe in meinem Unterricht?

Die fehlende fachliche Tiefe ist ein häufiges Kriterium bei der Bewertung von Unterrichtsstunden. Oft gelingt es Lehrer:innen nicht, den Unterrichtsgegenstand in der Stunde progressiv fortzuführen. Vieles bleibt an der Oberfläche, die Inhalte drehen sich in der Stunde im Kreis. Gerade in Fächern wie Sozialkunde, Ethik, Religion oder Deutsch gibt es jedoch eine gedankliche Ebene hinter dem vordergründigen Thema. Diese Ebene müssen Lehrkräfte zunächst selbst fachlich durchdringen und dann überlegen, wie sie die Inhalte ihren Schüler:innen vermitteln können.

Grundsätzlich müssen die Schüler:innen am Ende der Stunde schlauer sein als vor der Stunde. So profan dieser Satz auch klingen mag, die Erfahrung zeigt, dass ein inhaltliches Vorankommen und der Kompetenzzuwachs nicht immer im Fokus von Lehrer:innen stehen. Zumindest müssen Schüler:innen bereits bekannte Inhalte nach der Unterrichtsstunde gefestigt haben. Das ist tatsächlich nicht immer so. Der Schlüssel dazu liegt in einem progressiven Aufbau der Lernschritte. Das heißt: Inhalte sollten im Unterricht nie zweimal auf die gleiche Weise behandelt werden. Lernen ist dann wirksam, wenn Unterrichtsgegenstände mit unterschiedlichen Sinnen von verschiedenen Seiten betrachtet werden. Man kann Kindern und Jugendlichen aller Schularten oft mehr zutrauen, als man annimmt. Natürlich müssen Lehrkräfte sie dabei unterstützen.

Das bedeutet nicht, dass immer alles neu sein muss. Wiederholung ist für nachhaltiges Lernen sehr wichtig. Progressive Wiederholung gelingt beispielsweise dann, wenn Inhalte einmal gelesen werden, dann im Team diskutiert, in der Gruppe weiterentwickelt, praktisch überprüft und zuletzt der ganzen Klasse vorgestellt werden. Auf diese Art und Weise wird der gleiche Lerngegenstand immer neu und aus einem jeweils anderen didaktisch-methodischen Blickwinkel betrachtet.

Wie kann ich im Alltag differenzieren?

Differenzierung ist ein Muss in den meisten Schulklassen. In allen Schularten ist die Schülerschaft zunehmend heterogen. Es gilt, jedem Klassenmitglied die für ihn persönlich besten Chancen zu geben. Das gelingt nicht, wenn alle das Gleiche im gleichen Tempo tun. Vor der Differenzierung steht deshalb eine Lernstandserhebung. Die Lehrkräfte müssen ihre Schüler:innen bestmöglich kennen, um einschätzen zu können, welche Lernhilfe diese benötigen.

Welche Möglichkeiten der Differenzierung gibt es? Da wäre beispielsweise differenziertes Arbeitsmaterial. Starke Schüler:innen erhalten darauf eine knifflige Zusatzaufgabe, und schwache Lerner:innen erhalten Lernhilfen. Dies können Satzanfänge, Impulsfragen, Unterstreichungen oder Teillösungen sein. Differenzierung ist auch durch die Anwendung des Helfersystems möglich. Dabei unterstützen starke Schüler:innen die schwachen Klassenmitglieder. Beide profitieren davon, denn auch der Helfende festigt sein Wissen. Eine weitere Möglichkeit sind Hilfekarten oder andere unterstützende Materialien, die im Klassenraum bereitliegen und von Schüler:innen bei Bedarf zur Hilfe geholt werden können.

Die Erstellung von differenzierenden Materialien ist zeitintensiv. Im Kollegium kann man sich jedoch die Arbeit teilen und sich gegenseitig unterstützen. Einige Schulen haben einen Differenzierungspool eingerichtet, in den jede Lehrkraft ihre Differenzierungsmaterialien ablegt und dem gesamten Kollegium zur Verfügung stellt. Die einmal erstellen Materialien können somit jahrelang von allen Kolleginnen und Kollegen verwendet werden.

Hinweis:

Natürlich gibt es differenzierende Materialien von Verlagen, die man kaufen kann. Viele Schulbuchreihen bieten ein begleitendes Differenzierungspaket an.

Wie unterrichte ich Kinder, die nicht Deutsch sprechen?

An vielen Schulen ist es Alltag, dass Kinder unterrichtet werden, die nicht Deutsch sprechen. Viele sind aus Krisengebieten nach Deutschland geflüchtet. Diese Menschen finden sich nicht nur in einem neuen sozialen Umfeld wieder und verstehen die Sprache nicht. Sie haben auch oft schlimme Dinge erlebt und müssen Traumata bewältigen. Die Schule bietet für viele Kinder aus Flüchtlingsfamilien die beste Kontaktmöglichkeit mit dem neuen Land. Schule kann in einem nicht zu unterschätzenden Maße auch Normalität und somit Stabilität bieten.

Gut funktionierende DAF-Module gibt es an vielen Schulen. DAF steht für Deutsch als Fremdsprache. Speziell ausgebildete oder geschulte Lehrkräfte arbeiten mit Kindern und Jugendlichen aus unterschiedlichen Ländern und sorgen dafür, dass der Erwerb der deutschen Sprache zügig gelingt. Oft verbringen die neu zugezogenen Schüler:innen zu Beginn einen Großteil der Zeit in solchen DAF-Klassen.

Lehrer:innen, in deren Regelunterricht Schüler:innen ohne Deutschkenntnisse sitzen, sollten nicht den Anspruch erheben, dass diese Kinder und Jugendliche dem Unterricht nahtlos folgen können. Auch in diesem Unterricht steht zu Beginn der Spracherwerb im Vordergrund, nicht die fachliche Bildung. Trotzdem sollten die Lernenden eingebunden werden. Dies kann durch muttersprachliche Arbeitsmaterialien gelingen. Texte können mithilfe von Onlinetools nahezu in jede Sprache übersetzt werden. Ältere Schüler:innen können eigenständig mit Übersetzungsprogrammen arbeiten und dadurch ihre Arbeitsblätter oder Infotexte selbst übersetzen.

Wie lege ich ein gutes Arbeitsblatt an?

Es gibt einige Kriterien, die ein gutes selbst gemachtes Arbeitsblatt erfüllen sollte. Natürlich müssen die Informationen allesamt stimmen und in verständlicher, den Schüler:innen angepasster Sprache formuliert sein. Bestenfalls transportieren Arbeitsblätter ihre Informationen nicht nur durch eine einzige Weise, beispielsweise durch einen Lesetext. Arbeitsblätter können auch gerne Grafiken, Bilder oder Graphen enthalten, die einen anderen Zugang zum Inhalt bieten.

Wenn mit den Texten eines Arbeitsblattes gearbeitet werden soll, müssen die Texte das auch zulassen. Der Arbeitsauftrag „Fasst den Text mit euren Worten zusammen“ ist bei vielen Texten nicht möglich, weil der Text bereits maximal komprimiert ist. Texte brauchen in der Schule daher – auch bewusst hinzugefügte – Längen. In diesem Kontext sind ein breiter Zeilenabstand und eine Randspalte für Notizen sinnvoll.

Kern vieler Arbeitsblätter sind die verschriftlichten Aufgaben. Diese müssen sinnvoll aufgebaut und eindeutig verständlich sein. Unscharf formulierte Fragen führen oft dazu, dass die Schüler:innen ihre Arbeit nicht sofort beginnen können oder das Falsche tun. Schlussendlich sollten sich Lehrkräfte auch bezogen auf das Layout von Arbeitsblättern vorbildhaft zeigen. Das ist technisch heute kein Hexenwerk mehr. Zusammengeschnipselte und dann kopierte Blätter sollten jedenfalls inzwischen ein No-Go sein.

Wie kann ich fachfremd unterrichten?

Man kann darüber streiten, wie gut fachfremder Unterricht sein kann. Fakt ist, dass es an vielen Schulen Realität ist, dass Kolleginnen und Kollegen auch nicht studierte Fächer unterrichten. Alle diese Lehrer:innen sollten einen Weg finden, ihren fachfremden Unterricht möglichst lernwirksam zu gestalten. Wie geht man das an?

An erster Stelle sollte man sich mit der grundlegenden Fachdidaktik beschäftigen. In jedem Fach gibt es entsprechende Standardwerke. Für Lehrer:innen ist dies im Prinzip kein Neuland. Trotzdem haben viele Fächer ganz spezifische Wege, Unterricht zu konzipieren. Da wäre etwa der forschend-entwickelnde Unterricht in den Naturwissenschaften, die Semantisierungsstunde in den Sprachen oder der problemorientierte Unterricht in den Gesellschaftswissenschaften.

An zweiter Stelle sollte man sich mit der Fachwissenschaft beschäftigen. Dazu sollten die Inhalte der Schulbücher der zu unterrichtenden Klassen und fachliche Hintergrundinformationen jedoch bearbeitet werden. Zuletzt gibt es fachspezifische Arbeitsweisen. Diese wären beispielsweise der Umgang mit Chemikalien im naturwissenschaftlichen Unterricht, die Arbeit mit Maschinen im Werkraum oder die Liedbegleitung mit Gitarre oder Klavier im Musikunterricht. Teils gibt es diesbezüglich auch gesetzliche Vorgaben, die man einhalten muss. Es sollte zudem eine Option sein, dass Kolleginnen und Kollegen ihren Schulleitungen sagen, dass sie sich nicht dazu in der Lage fühlen, ein bestimmtes Fach fachfremd zu unterrichten.

Tipp:

Unbedingt zu empfehlen ist die Unterstützung durch Kolleginnen und Kollegen. Gegenseitige Hospitation und der Austausch von Unterrichtsmaterial erleichtern das fachfremde Unterrichten sehr.

Wie geht Pausenaufsicht?

Die Aufsicht, sei es im Schulgebäude oder auf dem Pausenhof, gehört zu den regelmäßigen Pflichten von Lehrkräften. Dazu gehört mehr, als sich nur an einen bestimmten Punkt zu stellen und dort zu verharren. Lehrer:innen sollten während der Aufsichten präsent sein und dieses Aufgabenfeld dazu nutzen, die positive Beziehung zur Schülerschaft zu pflegen oder zu intensivieren. Damit ist nicht gemeint, dass sie den Schüler:innen alles durchgehen lassen sollten. Im Bereich der Aufsicht sind die klaren Regeln der Schulgemeinschaft, meist Hausordnung genannt, und deren transparente Einhaltung zwingend erforderlich. Natürlich ist dabei Augenmaß zu wahren. Wenn es jedoch heißt, dass sich zu einem bestimmten Zeitpunkt keine Kinder und Jugendlichen im Schulgebäude befinden sollen, müssen Ausnahmen sehr gut begründet sein. Anderenfalls muss die Regel umgesetzt werden, dass alle Schüler:innen das Gebäude verlassen. Werden Regeln nicht eingehalten, führt das schnell dazu, dass ein komplettes Regelwerk aufgeweicht wird und sich niemand mehr daran hält.

Fazit:
Die positiven Beziehungen zwischen Lehrkraft und Schüler:innen können während der Aufsichten gefördert werden, indem man sich wertschätzend begegnet. Erwachsene sollten hier vorbildhaft sein. Ein freundlicher Blick, ein Gruß und gerne auch ein Smalltalk können positiv bis in den Unterricht hinein wirken.

Was mache ich, wenn ich Leerlauf habe?

Wenn die Schüler:innen einen Arbeitsauftrag haben, kommt es vor, dass die Lehrkraft „gefühlt“ nichts zu tun hat. Das ist aber nicht wirklich so. Sie kann z. B. die Phase nutzen und sich gedanklich auf die nächste Gelenkstelle des Unterrichts vorbereiten. Oft gibt es jedoch auch etwas anderes, was erledigt werden könnte, z. B. Notizen zu den Epochalnoten der einzelnen Schüler:innen machen oder das Klassenbuch führen. Vielleicht könnten vorbereitend Arbeitsblätter ausgeteilt werden, damit nachfolgende Unterrichtsphasen entspannter laufen und sich der Anteil echter Lernzeit erhöht.

Zu bedenken ist auch: Lehrkräfte müssen in einer Phase des eigenen Leerlaufes immer ansprechbereit sein und von Zeit zu Zeit durch die Klasse gehen, um Hilfestellung zu bieten. Auch das ist Arbeit. Diese Kontrollgänge sollten jedoch kein Selbstzweck sein. Schüler:innen arbeiten im Allgemeinen effizienter, wenn ihnen die Lehrperson nicht permanent über die Schulter schaut. Sobald die Lehrperson zum Arbeitstisch kommt, unterbrechen Schüler:innen meist ihre Arbeit oder tun nur geschäftig. Ein möglicher Flow bricht ab. Lehrer:innen müssen folglich Phasen des eigenverantwortlichen Alleine-Lernens schaffen. Dazu gehört auch auszuhalten, dass die Lerngruppen vor einer Situation stehen, die sie erst einmal nicht lösen können. Wenn die Lernenden dann die Köpfe zusammenstecken und gemeinsam einen Lösungsansatz erarbeiten, liegt darin eine große Chance für Lernertrag. Springt die Lehrkraft bei Problemen zu schnell zur Seite, geht das eigenständige Denken für den Moment zu schnell verloren.

Wie kann ich meine Stunden pünktlich beenden?

Zur zielgenauen Zeitplanung gehört Erfahrung. Im Laufe der Zeit wird es Lehrkräften immer besser gelingen, Unterrichtsstunden punktgenau zu beenden. An erster Stelle steht dabei eine professionelle didaktisch-methodische Planung. Man schreibt zwar die Zeiten nicht minutengenau neben die einzelnen Unterrichtsphasen. Das würde zu sehr binden. Man sollte sich trotzdem überlegen, wie lange die Schüler:innen für die jeweiligen Schritte der Unterrichtsplanung benötigen. Wenn es dann im Unterricht anders kommt, empfehlen sich zwei Hilfsmittel: die Sollbruchstelle und die Zusatzphase.

Die Sollbruchstelle ist eine Stelle in der Unterrichtsplanung, an der die Stunde sinnvoll beendet werden kann, ohne das ursprünglich geplante Vorhaben zu Ende zu bringen. Oft wird dabei eine blitzlichtartige Teilsicherung eingefügt. Es können auch mehrere Sollbruchstellen eingeplant werden. Dies empfiehlt sich auf jeden Fall bei den ersten Unterrichtsversuchen.

Die Zusatzphase ist eine sinnvolle Verlängerung der Unterrichtsstunde. Sie muss sich nahtlos an die Stunde anschließen, sollte Progression enthalten und keine reine Beschäftigungstherapie sein.

Was tun, wenn sich Schüler:innen im Unterricht verletzen?

Jede Lehrkraft muss regelmäßig einen Erste-Hilfe-Kurs absolvieren. Darüber hinaus ist es nicht schlecht, wenn Fachlehrkräfte die möglichen Notfallszenarien ihrer Fächer im Blick haben und im Ernstfall handlungsfähig sind. Dies betrifft die Lehrkräfte der Naturwissenschaften, die im Labor mit Elektrizität, Feuer oder Säuren arbeiten. Auch jede Sportlehrerin und jeder Sportlehrer kann sich darauf einstellen, dass sie in ihrem Berufsleben mit Sicherheit einige Verletzungen sehen werden.

Falls in der Schule ein Unfall passiert, sollte es einen Notfallplan geben. Je nach Situation muss das verletzte Kind beaufsichtigt werden. Vielleicht ist sogar Erste Hilfe nötig. Ein anderes Klassenmitglied sollte das Sekretariat oder ein Schulleitungsmitglied informieren. Von dort werden dann die weiteren Schritte eingeleitet.

Falls der Rettungsdienst angefordert werden muss, ist dafür Sorge zu tragen, dass dieser den Weg zum Notfallort findet.

Dazu ein Tipp:

Man kann mit Schüler:innen im Vorhinein üben, von der Zufahrtsstraße ausgehend eine Kette von Wegweisenden zu bilden. Wenn der Rettungsdienst angefahren kommt, machen sich die Schüler:innen durch Winken bemerkbar und weisen auf den nächsten wegweisenden Schüler hin.

Wie konzipiere ich einen passenden didaktischen Lösungsweg?

Unter dem Begriff didaktischer Lösungsweg versteht man die Abfolge der Unterrichtsinhalte innerhalb eines Lernprozesses. Diese Abfolge muss so gestaltet sein, dass sie die Schüler:innen gedanklich da abholt, wo sie sich zu Beginn befinden. Nachfolgend müssen die einzelnen Lernschritte einen für die Lerngemeinschaft logischen Weg ergeben, der progressiv aufgebaut ist und schlussendlich Lernertrag auslöst.

Der erste Schritt dabei muss folglich eine Lernstandserhebung sein. Lehrer:innen müssen wissen, welche Inhalte, Kompetenzen und Methoden vorausgesetzt werden können. Diese werden oft in einem ersten Schritt wiederholt und damit präsent gemacht. Anschließend erfolgen die einzelnen Lernschritte, die bezogen auf die Sozialform sowie das methodische Setting abwechslungsreich sein sollen.

Ein häufiger Fehler beim praktischen Unterrichten sind Brüche im didaktischen Lösungsweg. Lehrer:innen schreiten dann entweder zu schnell oder zu langsam voran. Die Inhalte oder Kompetenzen sind in diesem Fall nicht ausreichend gesichert. Manchmal besteht der Bruch darin, dass Inhalte verlangt werden, die im Vorhinein nicht angebahnt wurden. Wenn die Lerngruppe nicht die nötigen Voraussetzungen hat, um dem Unterricht zu folgen, demotiviert das, und es findet kein Lernen statt.

Was ist Methodik?

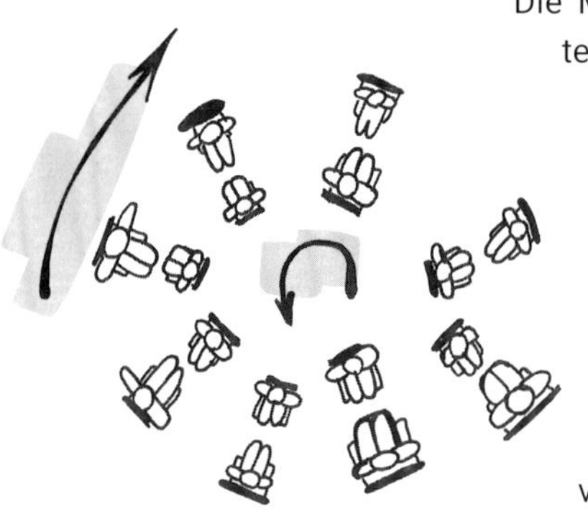

Die Methodik beschreibt das „Wie" des Unterrichtens. Es ist der Weg, auf dem die Schüler:innen im Unterricht zum Lernerfolg geführt werden. Man unterscheidet die Makromethoden von den Mikromethoden. Mikromethoden sind einzelne, oft schnell erklärte Lernabläufe, die für sich selbst stehen können. Ein Beispiel dafür wäre der „schnelle Rundlauf" zur Festigung von Lerninhalten. Jedes Klassenmitglied muss bei dieser Methode reihum eine Lerninformation nennen, ohne dass dabei Wiederholungen vorkommen. Dies kann mit einem Wettbewerbscharakter kombiniert werden, wenn die Klasse z. B. gegen eine festgelegte Zeit spielt. Eine Makromethode ist ein groß angelegtes methodisches Setting, bei dem oft mehrere Mikromethoden ineinandergreifen. Beispiele hierfür sind „Lernen an Stationen", die Kugellagermethode oder die Expertenbefragung. Die Methodenbeschreibungen in der entsprechenden Literatur variieren oft etwas. Grundsätzlich sollte die Lehrperson die Methode ohnehin an die Lerngruppe und den Unterrichtsgegenstand anpassen.

Tipp:

Die Didaktik steht immer vor der Methodik. Dieses Mantra in der Gestaltung von Unterricht muss unbedingt beachtet werden. Methoden haben eine rein dienende Funktion. Sie sollten niemals als Selbstzweck durchgeführt werden.

Wie finde ich den passenden Anspruch?

Unterricht muss sich an der Lerngruppe und bestenfalls an jedem einzelnen Kind orientieren. Ein Faktor, der dabei erhoben wird, ist der für diese Kinder und Jugendlichen passende Anspruch. Je länger man als Lehrkraft arbeitet und je intensiver man seine Klassen kennt, desto leichter fällt es, den passenden Anspruch zu wählen.

Beginnt man in einer Lerngruppe neu, steht die Lerngruppenanalyse an erster Stelle. Durch Beobachtungen, Gespräche mit anderen Kolleginnen und Kollegen, Lernausgangstests und die Eindrücke aus Unterrichtsgesprächen gelingt die erste Einschätzung relativ schnell. Der Lehrplan definiert die grundsätzlichen Rahmenbedingungen für den Unterricht. Von ihm darf man sich nicht völlig lösen. Gerade in sehr heterogenen Klassen orientieren sich viele Lehrer:innen an dem unteren Anspruchsniveau und machen dieses Lernniveau zum Maßstab für die gesamte Klasse. Das ist sehr ungünstig, da die Leistungsspitzen auf der Strecke bleiben. Lehrer:innen haben auch die Verpflichtung, leistungsstarke Schüler:innen passend zu fördern. Manchmal fallen diese aus dem Blick, weil es für das Disziplinmanagement in der Klasse schwieriger ist, wenn die schwächeren Kinder und Jugendlichen Leerlauf haben. Allzu oft werden die Leistungsträger als Hilfslehrkräfte eingesetzt und sollen ihren Mitschülerinnen und Mitschülern die Sachverhalte erklären. Doch guter Unterricht bedient beide Ränder des Leistungsspektrums gleichermaßen.

Wie finde ich ein interessantes Thema?

Wenn Kinder und Jugendliche motiviert sind, lernen sie leichter. Die Orientierung an ihren Interessen ist folglich ein Weg zur Motivation. Es ist natürlich nicht immer leicht, mit seinem Unterricht einerseits den Lehrplan abzubilden und andererseits das Interesse aller zu wecken. Tatsächlich wird das ohnehin selten gelingen. Der Anspruch muss jedoch sein, dass möglichst viele Schüler:innen interessiert sind.

Grundsätzlich dürfen Lehrende nicht davon ausgehen, dass sie eine gemeinsame Interessenbasis mit ihrer Schülerschaft haben. Eine gute Möglichkeit, die Interessengebiete der Schüler:innen kennenzulernen, sind wissenschaftliche Studien. Es gibt Befragungen, die die Interessen von Kindern und Jugendlichen im Fokus haben. Da geht es z. B. um besonders beliebte Freizeitbeschäftigungen oder die Nutzung digitaler Medien.

Hinweis:

Lehrer:innen sollten die Phasen außerhalb der Unterrichtsstunden nutzen, um ihre Schüler:innen besser kennenzulernen. Das sind beispielsweise die Wege durchs Schulgebäude, die gemeinsamen Minuten im Klassenraum vor dem Beginn der Stunde oder die Pausenaufsichten. Hier sollte professioneller Smalltalk genutzt werden, um einerseits die Beziehungen zu verbessern und andererseits die Interessen der Schüler:innen besser zu erfahren.

Was mache ich in der ersten Stunde mit einer neuen Klasse?

Es gibt keine zweite Chance für den ersten Eindruck, und der erste Eindruck ist oft die Schublade, in die wir einen Menschen zunächst einmal hineinstecken. Das ist auch bei der ersten Begegnung zwischen Lehrkraft und neuer Klasse so. Diese erste Stunde sollte auf jeden Fall gut geplant sein. Es ist deshalb keine gute Idee, unvorbereitet in den Unterricht zu gehen und dies damit zu begründen. dass man sich ja sowieso zunächst einmal kennenlernen muss.

Was kann man also tun? In der ersten gemeinsamen Stunde sollten die Namen gelernt werden, damit man die einzelnen Kinder und Jugendlichen persönlich ansprechen kann. Dann sollten organisatorische Aspekte mitgeteilt werden. Wie verhält es sich mit den Hausaufgaben, mit der Benotung, und welche Arbeitsmaterialien sollten besorgt werden? Abgesehen von diesen grundsätzlichen Aspekten sollte in der ersten Stunde regulär unterrichtet werden.

Es hat sich bewährt, dass Lehrer:innen zu Beginn etwas strenger sind, um als Respektsperson wahrgenommen zu werden. Im Allgemeinen testen neue Klassen anfangs aus, wie weit sie gehen können. Aus diesem Grund sollten direkt klar, transparent und trotzdem wertschätzend Grenzen aufgezeigt werden.

Wie bilde ich eine Epochalnote?

Die Benotung von verschiedenen mündlichen Leistungen, unter anderem die Qualität und die Quantität der Beteiligung von Schüler:innen im Unterricht, nennt man in manchen Bundesländern Epochalnote. Natürlich werden diese nicht gewürfelt. Manche Schüler:innen nehmen das jedoch an. Dieser Eindruck könnte entstehen, wenn die Lehrperson von Zeit zu Zeit ihr Notenbuch zückt und den Kindern und Jugendlichen ihre Epochalnoten unbegründet vorliest. Bei anderen Kolleginnen und Kollegen werden die Klassenmitglieder einzeln nach vorne gerufen und man spricht gemeinsam über die Note. Hier könnte der Eindruck entstehen, dass man die Note verhandeln könne. Beides ist ungünstig.

Grundlage jeder Benotung sind vorher festgelegte und mit den Klassenmitgliedern kommunizierte Kriterien. Bei einer Epochalnote könnten das die Häufigkeit der Mitarbeit, die Qualität der Beiträge, die Einhaltung der Klassenregeln, der Arbeitseifer in Gruppenarbeiten oder die Zuverlässigkeit der Hausaufgabenerstellung sein. Sind die Kriterien besprochen, sollten Lehrkräfte das Zeitfenster festlegen, für das sie eine Epochalnote bilden möchten. Werden zudem regelmäßig Aufzeichnungen über das Erreichen der Kriterien gemacht, können die Schüler:innen ihre Epochalnote in aller Regel nachvollziehen und die Lehrkräfte können diese auch den Eltern mitteilen.

Hinweis:
Eine Zeugnisnote muss auf vielen unterschiedlichen Leistungen fußen. Es ist daher nicht zulässig, eine Zeugnisnote alleine auf der Grundlage von Epochalnoten zu bilden.

Wie bewerte ich Gruppenarbeit?

Genauso wie bei jeder Benotung müssen der Lerngruppe in einer Gruppenarbeit im Vorhinein Kriterien gegeben werden, auf deren Grundlage die Note gebildet wird. Bei einer Gruppenarbeit ist die Bewertung etwas schwieriger als bei einem schriftlichen Test. Es gibt nicht immer ein klares Ergebnis, und man kann die Leistung oft nicht eindeutig einem einzelnen Gruppenmitglied zuweisen. Zudem ist es schwierig, eine Leistung zu bewerten, die man nicht völlig im Blick hat. Außerdem ist es Lehrer:innen nicht möglich, während einer Gruppenarbeit alle Klassenmitglieder gleichzeitig zu beobachten. Grundsätzlich ist es also vertretbar, den Gruppenmitgliedern eine einheitliche Note zu geben. Dennoch kann von dieser Einheitsnote auch abgewichen werden, wenn es dafür eine Begründung gibt.

Was genau kann überhaupt bewertet werden? Bei einer Gruppenarbeit kann einerseits der Prozess und andererseits das Ergebnis bewertet werden. Das Ergebnis auf der Grundlage von Kriterien zu bewerten, ist die leichtere Übung. Den Prozess gerecht zu bewerten, ist schwieriger. Entweder beobachten Lehrkräfte die Arbeitsphase der Schüler:innen intensiv oder sie schauen sich Zwischenergebnisse an. Es ist auch möglich, die Gruppenmitglieder an der Bewertung zu beteiligen, indem sie selbst den Arbeitsprozess bewerten.

Hinweis:

Für die Klassengemeinschaft nicht förderlich ist es jedoch, wenn Schüler:innen für die schlechte Benotung eines Mitschülers verantwortlich sind. Dies sollte vermieden werden.

Wie kontrolliere ich Hausaufgaben?

Wenn Hausaufgaben aufgegeben werden, sollten diese auch kontrolliert werden. Fehlt dazu in der Folgestunde die Zeit, sollten keine Hausaufgaben gegeben werden. Hausaufgaben sollten für Lehrkräfte sowieso keine Pflichtübung am Ende der Stunde sein. Es ist absolut in Ordnung, nach einer Stunde keine Hausaufgaben zu geben.

Die Kontrolle von Hausaufgaben kann auf mehrere Arten erfolgen: Die Ergebnisse der Schüler:innen können im Plenum besprochen werden, die Lehrperson schaut sich die Schülerarbeiten im Laufe der Stunde während einer Arbeitsphase an oder es wird zu Beginn der Stunde eine Hausaufgabenüberprüfung geschrieben, die als mündliche Note in das Zeugnis eingehen kann. Die Schüler:innen sollten niemals denken, dass es nicht auffällt, wenn sie die nicht gemachten Hausaufgaben verschweigen. Dann sinkt die Moral in der Klasse und die häusliche Arbeit wird nicht ernst genommen. Viele denken sich dann: „Warum soll ich Hausaufgaben machen, wenn der oder die das sowieso nicht kontrolliert?“ Dass eine solche Haltung entsteht, sollte vermieden werden.

Die Schüler:innen sollten immer den Eindruck erhalten, dass Hausaufgaben für sie persönlich sinnvoll sind. Dies gelingt, wenn Lehrer:innen begründen, warum sie diese geben, beispielsweise um Lerninhalte zu festigen oder den Inhalt der nächsten Stunde anzubahnen. Höheren Klassen kann man natürlich auch die Erledigung der Hausaufgaben als freiwillige Aufgabe in die eigene Verantwortung geben. Bei jüngeren Schüler:innen funktioniert das meist nicht.

Wie kann ich im Team mit Förderschullehrkräften arbeiten?

Förderschullehrkräfte arbeiten nicht nur an Förderschulen. Sie unterstützen die Kolleginnen und Kollegen anderer Schularten bei deren Arbeit, indem sie ihre Fachkompetenz einbringen. Das Selbstverständnis vieler Förderschullehrkräfte besagt, dass sie im Unterricht ein gleichberechtigtes Mitglied des Lehrerteams sein sollten. Bestenfalls würde dabei für die Lerngruppen nicht ersichtlich, wer Förderschullehrkraft und wer die Lehrkraft des entsprechenden Lehramtes ist. Die Realität sieht jedoch häufig anders aus. Die Lehrkraft plant den Unterricht und übernimmt in der Stunde die Leitung. Die Förderschullehrkraft betreut lediglich Klassenmitglieder mit Förderbedarf.

Mein Standpunkt:

Die zuletzt geschilderte Situation ist meines Erachtens eine Verschwendung von Ressourcen. Lehrer:innen unterschiedlicher Lehrämter sollten Unterricht gemeinsam konzipieren und ihn gemeinsam durchführen. An manchen Standorten ist dies jedoch wegen eines ungünstigen Personalschlüssels nicht umsetzbar. Möglichst häufig Kinder und Jugendliche in einem multiprofessionellen Team zu betreuen, ist jedoch ein vordringliches Ziel. Eine neue Lehrkraft an einer Schule sollte deshalb mit den Förderschullehrkräften ins Gespräch gehen und ein gemeinsames Konzept entwickeln.

Was ist, wenn das Stundenergebnis zu Beginn genannt wird?

Nach der Einstiegsfrage steht ein Kind auf und nimmt das Stundenziel vorweg. Das ist tatsächlich die größte Sorge, die Lehramtsanfängerinnen und -anfänger vor ihrer ersten Stunde kundtun. Sie fragen sich: Was soll ich tun, wenn ein Klassenmitglied zu Beginn der Stunde die Lösung vorwegnimmt?

Die Frage ist eigentlich ganz einfach zu beantworten. Man sollte diese vorzeitige Antwort loben, gerne als Hypothese aufschreiben und dann wie geplant weitermachen.

Wenn eine Schülerin oder ein Schüler zu Beginn der Stunde etwas sagt, heißt das noch lange nicht, dass jedes Klassenmitglied den Kontext vollends verstanden hat. Wäre das so, wäre Unterricht einfach. Dann würden Lehrer:innen zu Beginn die wesentlichen Kernpunkte ihres Unterrichts nennen und der Lernprozess wäre bereits in wenigen Minuten abgeschlossen. Unterricht bedeutet aber, dass sich jedes einzelne Kind intensiv und möglichst multiperspektivisch mit den Inhalten und Kompetenzen beschäftigt.

Braucht Unterricht immer eine Problemfrage?

Den Unterricht mit einer Problemfrage oder Stundenfrage zu beginnen, ist sicherlich ein sinnvolles Konzept. Die Unterrichtsfrage bedeutet oft Spannung und kann persönliche Betroffenheit erzeugen. Bestenfalls beantworten die Schüler:innen also im Unterrichtsverlauf eine Frage, die für ihr Leben relevant ist und die sie in ihrer Realität erleben.

Dieser problemfragenbasierte Unterrichtseinstieg ist jedoch nur eine Variante von vielen Möglichkeiten, um lernwirksam zu unterrichten. Abwechslung ist ein ebenso wichtiges Kriterium für nachhaltiges Lernen. Verlaufen alle Stunden nach dem exakt gleichen Schema, sinkt die Motivation der Lernenden. Irgendwann verwenden sie selbst die didaktischen Vokabeln der Lehrperson und fragen, ob die Lehrperson denn nun die Problemfrage hören wolle.

Lehrer:innen sollten deshalb bei jeder Unterrichtsplanung neu überlegen, was das beste Mittel zur Vermittlung des Unterrichtsgegenstandes für die aktuelle Lerngruppe ist. Sie sollten sich dabei von jedem in Stein gemeißelten Mantra verabschieden.

Wie geht Teamteaching?

Beim Teamteaching wird eine Lerngruppe nicht von einer, sondern von zwei Lehrkräften unterrichtet. Beide sind dabei in aller Regel gleichberechtigt. Dieser erhöhte Personaleinsatz hat für die Schüler:innen der Lerngruppe große Vorteile, denn Differenzierung ist leichter möglich. An manchen Standorten dient eine Person des Lehrerteams als Vertretungsreserve. Nimmt man Teamteaching ernst, sollte dies nicht geschehen, denn nur mit einer beständigen Präsenz lässt sich Teamteaching sinnvoll gestalten.

Teamteaching bedeutet im besten Fall gemeinsame Unterrichtsplanung. Nicht nur der didaktisch-methodische Ablauf der Stunden wird geplant. Es muss auch überlegt werden, in welcher Phase welche Lehrperson aktiv ist. Idealerweise sollten beide Lehrkräfte möglichst gleich verteilt die verschiedenen Phasen des Unterrichts moderieren. Wenn Person eins immer alle Einstiege und Unterrichtsgespräche gestaltet und Person zwei nur bei der gezielten Förderung einzelner Schüler:innen zum Einsatz kommt, entsteht für die Lerngruppe schnell der Eindruck, dass es eine Hierarchie im Lehrerteam gibt. Dies ist ungünstig.

Bestenfalls verstehen sich beide Teampartner gut und unterscheiden sich in ihren Kompetenzschwerpunkten. Eine solche Personenkonstellation ergänzt sich gut. Darauf sollte die Schulleitung achten, wenn sie Teams bildet.

Was ist die optimale Sitzordnung?

Die optimale Sitzordnung gibt es nicht. Jede Variante hat Vor- und Nachteile. Bei der sogenannten parlamentarischen Bestuhlung stehen die Tische und Stühle aufgereiht nebeneinander. Dies eignet sich gut, um die Kommunikation zwischen den Schüler:innen zu verhindern, beispielsweise bei einer Klassenarbeit. Häufig genutzt wird die U-Form. Die Tische werden dabei in Form des Buchstaben U angeordnet. Manchmal werden auch noch Tische in der Mitte eingeschoben. Die Vorteile: Bei der U-Bestuhlung sehen sich viele Schüler:innen und jeder sieht die Lehrkraft. Eine weitere Möglichkeit der Bestuhlung sind Gruppentische. Diese ermöglichen mehr Kommunikation, besonders in Gruppenarbeitsphasen. Manchmal führt diese Sitzordnung jedoch zu einer hohen Lautstärke. Die Schüler:innen müssen lernen, mit diesem Freiraum umzugehen. Außerdem gibt es den Stuhlkreis. Die Tische werden zur Seite geräumt und man setzt sich, die Lehrkraft eingereiht, in einen Kreis. Das ist sehr offen und kommunikativ. Schreiben ist dabei jedoch schlecht möglich.

Wettbewerb im Tische umstellen

U-Form	34 Sek. (14.2.)
Stuhlkreis	96 Sek (1.3.)
Gruppentische	64 Sek (6.12.)
Stühle weg	305 Sek (20.12)
Vorlesungs-setting (mit Tisch)	/
Stuhlreihen (ohne Tische)	412 Sek. (3.9.)

Man sollte mit Schüler:innen trainieren, unterschiedliche Sitzformen schnell zu stellen. Ist die Standardsitzform beispielsweise die U-Form, kann man trainieren, schnellstmöglich vom U in ein Setting mit Gruppentischen oder den Stuhlkreis zu kommen. Tut man das spielerisch als Wettlauf gegen die Uhr mit Jagd auf einen neuen Zeitrekord, macht das Schüler:innen der unteren Klassenstufen großen Spaß und es geht wenig Unterrichtszeit verloren. Die Bewegung während des Umstellens tut den Schüler:innen ohnehin gut.

Wie formuliere ich einen guten Arbeitsauftrag?

Arbeitsaufträge sind Gelenkstellen des Unterrichts. Sie leiten eine Einzelarbeit, Partnerarbeit, Gruppenarbeit oder Hausaufgabe ein. Danach wechseln die Schüler:innen der Klasse oft die Sozialform, und mit diesem Wechsel sowie der beginnenden Arbeit steigt der Lautstärkepegel. Müssen Lehrkräfte in diese beginnende Arbeit eingreifen, indem sie einen Arbeitsauftrag verdeutlichen oder korrigieren, ist dies ungünstig. Es braucht meist einiges an Zeit, um den Fokus der Lernenden wieder auf die Lehrperson zu richten. Der Arbeitsprozess ist unterbrochen.

Lehrer:innen sollten sich genau überlegen, wie sie einen Arbeitsauftrag so formulieren, dass er eine gute Anleitung für den Arbeitsprozess bildet, verständlich formuliert sowie vorgetragen wird und nicht falsch verstanden werden kann. Diese drei Kriterien sollte man vor Augen haben, wenn man in der Unterrichtsplanung einen Arbeitsauftrag konzipiert. Erfahrene Lehrkräfte können das sicherlich aus dem Stegreif, Anfängerinnen und Anfänger sollten Arbeitsaufträge am Reißbrett konstruieren und deren Vortrag üben.

Fazit:

Arbeitsaufträge stellen häufig den Übergang in eine neue Phase des Unterrichts dar. Sie sollten nicht rein methodisch gestaltet sein, sondern stets inhaltlich eingebunden. Dadurch behalten die Schüler:innen den Kontext des Unterrichts und ihr inhaltliches Ziel im Auge.

Wie gelingt didaktische Reduktion?

Didaktische Reduktion bedeutet, dass Lehrer:innen den Lerngegenstand so sehr vereinfachen, dass er von den Schüler:innen verstanden werden kann, ohne dass er dabei falsch wird.

Lehrer:innen müssen lernen, sich in die Schüler:innen hineinzuversetzen. Sie müssen den Lerngegenstand sozusagen aus Schüleraugen sehen. Das fällt oft schwer, denn Lehrkräfte haben sich im Studium intensiv mit ihren Fächern befasst. Sie haben meist eine ausgesprochene Affinität zu ihnen entwickelt.

Gerade Berufsanfängerinnen und Berufsanfängern fällt dieser Perspektivwechsel deshalb nicht so leicht. Sie müssen lernen, sich zu fragen, von welchen Lernvoraussetzungen sie bei den Kinder und Jugendlichen ausgehen können und inhaltlich dort ansetzen.

Hinweis:

Die Sachverhalte dürfen jedoch nicht so sehr vereinfacht werden, dass sie fachlich falsch werden. Das geschieht sehr leicht. Dann können sich Fehlvorstellungen einprägen, die im Nachhinein schwer auszumerzen sind.

Wie binde ich Medien in meinen Unterricht ein?

Genauso wie die Methoden haben auch Medien im Unterricht dienenden Charakter. Es geht immer um den optimalen Weg, Lernertrag und Kompetenzen zu vermitteln. Da Medieneinsatz stets mit Aufwand verbunden ist, müssen Lehrer:innen sich die Frage stellen, ob der Medieneinsatz an dieser Stelle einen Mehrwert hat. Man kann sich z. B. fragen: Verstehen die Schüler:innen den Sachverhalt durch einen Film besser, verursacht das Lernspiel auf dem Tablet höhere Motivation oder entlastet die digitale Präsentation auf der virtuellen Tafel mich als Lehrperson? Wird die Frage nach dem Mehrwert positiv beantwortet, steht dem Medieneinsatz nichts im Wege.

Auf jeden Fall sollten es nicht die fehlenden Kompetenzen der Lehrperson sein, die einem Medieneinsatz im Wege stehen. Schule ist längst im digitalen Zeitalter angekommen. Lehrer:innen müssen moderne Medien beherrschen. Der Umgang mit Hardware, Videokonferenzsystemen, Officeanwendungen, Lernplattformen sowie Bild- oder Tonbearbeitungssoftware dürfen kein Problem darstellen. Fühlen sich Lehrkräfte in diesen Bereichen nicht fit, sollte dringend nachgesteuert werden.

Hinweis:

Beim Medieneinsatz ist Abwechslung wichtig. Schulen steht dafür eine breite Palette von Möglichkeiten zur Verfügung. Mit einem wechselnden Medieneinsatz kann Unterricht abwechslungsreich gehalten werden. Es muss nicht immer das große mediale Setting sein. Hier und da ein kurzes Hördokument, ein Videofragment in einer Gruppenarbeit oder auch nur ein projiziertes Bild beim Unterrichtseinstieg genügen völlig. Die Passung zwischen dem beabsichtigten Lernziel und dem eingesetzten Medium ist entscheidend.

Wie kann ich in meinem Unterricht Werteentwicklung ermöglichen?

Werteentwicklung ist Aufgabe aller Fächer. Nicht nur die Lehrkräfte für Religionen oder Ethik sollten dazu beitragen. Der US-amerikanische Wissenschaftler Lawrence Kohlberg definierte 6 Stufen der moralischen Entwicklung. Wir Menschen durchlaufen in unserem Leben diese Stufen, wobei viele nur die Stufe 4 erreichen. Diese Stufen beschreiben die Stellung der eigenen Person im Vergleich und in Interaktion zur sozialen Umgebung. In der ersten Stufe agieren Menschen nur, um Bestrafung zu vermeiden. In der sechsten haben sie ein eigenes ethisches System entwickelt und handeln nach universellen Werten wie Freiheit oder Gerechtigkeit.

Wie kann Schule Werte entwickeln? Dies gelingt nicht, indem Kinder und Jugendliche das Kohlbergsystem auswendig lernen. Dieses Wissen führt nur bedingt zur Entwicklung der eigenen Wertehaltung. Werteentwicklung kann vor allem dann gelingen, wenn Schüler:innen Vorbilder haben, an denen sie sich orientieren können und denen sie nacheifern wollen. Gerade das können Lehrkräfte sein. Das vorbildhafte Verhalten von Lehrer:innen ist folglich bezogen auf die Werteentwicklung an erster Stelle zu nennen.

Grundsätzlich gilt:

Schüler:innen entwickeln immer dann ihre eigene Wertehaltung, wenn sie wertebasierte Probleme lösen oder über Werteentscheidungen nachdenken müssen. Das zwingt sie dazu, ihre eigene Haltung zu reflektieren. Ein typisches Beispiel für einen solchen Prozess ist eine Dilemmadiskussion.

Wie erstelle ich Klassenregeln?

Transparente Regeln sind das A und O der Klassenführung. Bestenfalls werden diese Regeln gemeinsam mit der Klasse erarbeitet. Die Schüler:innen sollten die Regeln eigenständig aus ihrer Lebenswelt heraus generieren. Nachdem alle Regeln zusammengetragen sind, können sie auf einem Plakat verschriftlicht werden. Alle Schüler:innen sowie die Lehrkraft unterzeichnen. Damit ist das Abkommen verbindlich und alle müssen sich gleichermaßen daran orientieren. Wenn es trotzdem zu einem Regelübertritt kommt, kann die gesamte Klasse auf der Grundlage der aufgestellten Regeln urteilen. Natürlich wird es auch Situationen geben, die nur die Lehrkraft klären sollten.

Besonders lohnend ist es, wenn nicht nur die einzelne Klasse, sondern die ganze Schulgemeinschaft ein Regelwerk erstellt. Selbstverständlich gibt es eine solche Schulordnung an allen Schulen. Oft fehlt jedoch die Verbindung zur Basis und damit zu jenen Schüler:innen, die gerade die Schule besuchen. Die Schulordnung ist ihnen oft nur mitgeteilt worden. Selbst dann, wenn diese einmal gemeinsam mit Schüler:innen erarbeitet wurde, war das vor ihrer Zeit. In ihren Augen ist es ein Regelwerk der Lehrkräfte.

In regelmäßigen Abständen sollte daher die örtliche Schulordnung überarbeitet werden, im besten Fall basisdemokratisch gemeinsam mit allen Schüler:innen. Natürlich muss die Schulleitung hier Grenzen der Mitbestimmung setzen. Die Schülerschaft darf z. B. nicht entscheiden, dass relevante Regeln wie beispielsweise das Rauchverbot aufgehoben werden. Es muss jedoch auch einen Raum für die Wünsche der Schüler:innen geben. Mitbestimmung muss ernst genommen werden!

Wie gestalte ich meinen Unterricht abwechslungsreich?

Die schönste, lernwirksamste Stunde wird langweilig und verliert ihren Reiz, wenn das gleiche Setting in jeder Stunde wiederholt wird. Damit sinken die Motivation und auch der Lernertrag. Ich erinnere mich an eine Lehrerin, die jede Unterrichtsstunde nahezu identisch aufbaute. Immer im gleichen Rhythmus gab es eine Einstiegsfrage, die Wissensaufnahme in Form eines Textes und zum Abschluss ein gemeinsam im Unterrichtsgespräch erarbeitetes Tafelbild. Es waren durchweg gute Stunden. Nach einigen Jahren dieser Stunden und gefühlt 100 Tafelbildern war der Glanz dahin. Der Unterricht wurde langweilig.

Gute Lehrer:innen sollten in der didaktisch-methodischen Anlage ihres Unterrichts abwechseln. Rhythmisierung ist nicht nur innerhalb einer Unterrichtsstunde ein wichtiges Kriterium. Für den Aufbau einer Unterrichtsreihe gilt dieses Kriterium gleichermaßen. Der Gedanke der Rhythmisierung sollte niemals über der Didaktik stehen. Meist gibt es jedoch mehrere Möglichkeiten, Unterricht zu gestalten. Gab es in der Vorstunde ein relativ freies Unterrichtssetting mit großem Raum für eigenverantwortliches Handeln in Arbeitsgruppen, dann könnte die darautfolgende Stunde mit einem zentral geführten medienorientierten Einstieg beginnen, der in eine Partnerarbeit mündet.

Planungsvorlage – Unterrichtsstunde

0-6	Einstieg mit Problem	(eintragen)
7-9	Formulierung der Problemfrage	(eintragen)
10-13	Arbeitsauftrag	(eintragen)
14-16	Material austeilen	(eintragen)
17 35	Arbeitsphase (erst EA, dann PA)	(eintragen)
36-42	Auswertung im Unterrichtsgespräch	(eintragen)
43-45	Hausaufgaben	(eintragen

Was ist LRS?

LRS oder Lese-Rechtschreib-Schwäche ist relativ häufig. Manche Schätzungen gehen davon aus, dass bis zu 10 % der Schülerschaft eine LRS-Problematik haben. Diese kann sehr unterschiedlich ausgeprägt sein. Eine massiv auftretende Störung im Lesen und Schreiben wird als Legasthenie bezeichnet. Es handelt sich um eine Lernstörung, bei der der Bereich der phonologischen Bewusstheit und Verarbeitung beeinträchtigt ist. Dies kann bei einigen Menschen trotz intensivem Training nicht vollständig behoben werden. LRS kann jedoch auch „nur" bedeuten, dass jemand mehr Fehler schreibt, als es bei anderen Schüler:innen üblich ist.

In manchen Fällen steht Schüler:innen mit einer diagnostizierten Teilleistungsstörung ein Nachteilsausgleich zu. Betroffene Kinder und Jugendliche sollten auf jeden Fall in der Schule gefördert werden.

Hinweis:
LRS-Förderung bedeutet kein „normales" Lese- und Rechtschreibtraining. Es gibt besondere Konzepte und speziell ausgebildetes Fachpersonal, das bestenfalls die Förderung übernimmt.

Was ist Dyskalkulie?

Dyskalkulie oder Rechenschwäche ist relativ ausgeprägt. Die Fähigkeit, mathematische Konzepte zu verstehen, ist bei davon betroffenen Menschen eingeschränkt. Beispielsweise können Mengen nicht erfasst werden oder mathematische Regelmäßigkeiten werden nicht erkannt. Einige Studien vermuten, dass bis zu 10 % der Schüler:innen davon betroffen sind. Die Art der Ausprägung variiert. Viele Kinder und Jugendliche haben Mechanismen entwickelt, ihre Schwäche zu verstecken, und ihre Defizite bleiben deshalb unbemerkt. Bei anderen ist die Einschränkung so offenkundig, dass sie nicht nur in Mathematik, sondern auch in anderen Fächern in Erscheinung tritt. Genauso wie bei LRS hat Dyskalkulie nichts mit minderer Intelligenz zu tun. Auch bei der Dyskalkulie steht betroffenen Kindern unter Umständen ein Nachteilsausgleich zu.

Hinweis:

Lehrer:innen sollten betroffene Kinder und Eltern unterstützen, indem sie eine kompetente Hilfe empfehlen. Dyskalkulie kann nicht behoben werden, indem Betroffene mehr üben oder einfachere Aufgaben lösen. Diese Teilleistungsstörung sollte durch kompetentes Fachpersonal behandelt werden.

Was ist ADHS?

ADHS steht für Aufmerksamkeitsdefizit-Hyperaktivitätsstörung. Es dürfte wohl keine Lehrkraft geben, die damit noch keine Bekanntschaft gemacht hat. Es gibt Lerngruppen, in denen mehrere Kinder an dieser Störung leiden. Betroffenen gelingt es oft nicht, sich auf eine Aufgabe zu konzentrieren, da sie den Umweltreizen schutzlos ausgeliefert sind und sich durch alles und jedes ablenken lassen. Je nach Schweregrad halten sie es z. B. nicht aus, still zu sitzen. Sie stören damit häufig den Unterricht. Bei vielen Kindern und Jugendlichen „verwächst" sich ADHS. Es gibt jedoch auch Erwachsene, die betroffen sind.

Neben der medikamentösen Behandlung helfen oft Verhaltenstherapien. Je früher ADHS erkannt und behandelt wird, desto besser. Gibt es in der Klasse betroffene Schüler:innen, sollten Lehrer:innen dafür sorgen, dass möglichst wenig Ablenkung existiert. Unterricht mit Bewegungselementen kann dazu beitragen, dass der aufgestaute Aktivitätsdrang der Kinder und Jugendlichen etwas abgebaut wird. Klare und verbindliche Regeln helfen zudem. Trotz aller Strenge sollten Lehrkräfte im Blick behalten, dass betroffene Kinder und Jugendliche oft selbst sehr stark an ihrer Störung leiden und den Erwartungen von Lehrkräften sowie Klassengemeinschaft nur schwer entsprechen können. Ein wertschätzender Umgang und ein möglichst positiver Beziehungsaufbau tun diesen Kindern und Jugendlichen sehr gut.

Was ist eine Autismus-Spektrum-Störung?

Es gibt nicht die eine Autismus-Spektrum-Störung (ASS). Der Begriff Spektrum im Namen dieser Entwicklungsstörung bedeutet, dass es eine Vielzahl von Erscheinungsbildern und Schweregraden gibt. ASS ist keine Krankheit, die man heilen kann. Verhaltenstherapien können jedoch helfen, damit umzugehen,

Viele Betroffene haben Schwierigkeiten, soziale Bindungen aufzubauen. Sie verstehen nonverbale Kommunikation nicht und werden in ihrer Interaktion mit anderen Menschen als ungewöhnlich wahrgenommen. Ebenso tritt häufig ein starkes Verlangen nach Ritualen auf. Veränderungen können dann schwer ertragen werden. Manchmal haben Menschen mit einer Autismus-Spektrum-Störung ein ausgesprochenes Talent für etwas. Das kann eine außergewöhnliche Begabung für Zahlen oder ein großes Interesse für Autos oder ein anderes Themenfeld sein.

Lehrer:innen müssen sich das einzelne Kind mit seinen Besonderheiten ansehen und gemeinsam mit Kolleginnen und Kollegen sowie Fachleuten ein Konzept entwickeln. Die Spannbreite des Verhaltens ist bei Betroffenen groß. Manchmal fällt ein betroffenes Kind im Unterricht überhaupt nicht auf und man muss nur darauf achten, dass besondere Regeln in der Interaktion mit Mitschülern während Gruppenarbeiten nötig sind. In einem anderen Fall kommt es in nahezu jeder Schulstunde zu Grenzsituationen, obwohl eine Schulbegleitung anwesend ist. Lehrer:innen sollten hier Unterstützungsangebote von schulexternen Fachleuten in Anspruch nehmen. Dies können beispielsweise Förderschullehrkräfte sein, die vielerorts auch Schulen anderer Schularten unterstützen.

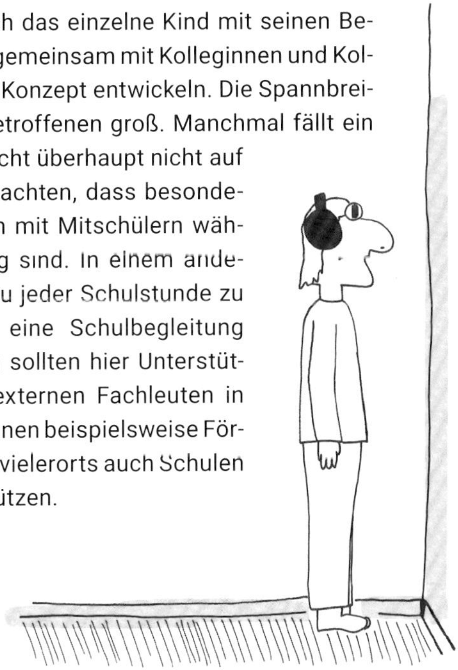

Sollten Lehrkräfte ihre private Telefonnummer herausgeben?

Rechtlich gesehen dürfen Lehrer:innen natürlich ihre private Telefonnummer an Eltern geben. Einige tun das auch. Man muss sich jedoch bewusst sein, was das bedeutet. Egal, welche Regeln von Eltern oder den Klassenmitgliedern vereinbart wurden, es wird mit einiger Sicherheit Personen geben, die sich nicht an diese halten. Das sind z. B. Erziehungsberechtigte, die abends und am Wochenende anrufen, um die Hausaufgaben ihres Kindes für den nächsten Tag zu erfragen.

Ich muss zugeben: Es fällt nicht immer leicht, verständlich zu machen, in welchem Zeitfenster Telefonate in Ordnung sind und wann die eigene Privatsphäre nicht gestört werden sollte.

Es muss zudem bedacht werden, dass die Kenntnis einer Handynummer gegebenenfalls dazu führen kann, dass Schüler:innen sowie Eltern Statusnachrichten von Messenger-Diensten einsehen können.

Um dem zu entgehen, ist es durchaus in Ordnung, keine private Telefonnummer zu veröffentlichen und die Kommunikation beispielsweise über das Schultelefon oder eine Dienstmailadresse zu führen. Dann sollten Mails jedoch auch möglichst zeitnah beantwortet werden.

Kleiner Tipp:

Mit wenig Aufwand ist es auch möglich, ein Diensttelefon einzurichten, das dann nur während der häuslichen Arbeitszeit eingeschaltet wird. Dazu stattet man ein altes Smartphone für geringes Geld mit einer Prepaidkarte aus und ist sofort handlungsfähig. Diese Variante eignet sich sehr gut für Klassenfahrten, auf denen Lehrkräfte selbstverständlich für Eltern erreichbar sein sollten.

Sollen sich Lehrkräfte duzen lassen?

Es gibt kein Gesetz, das verbietet, dass Schüler:innen ihre Lehrkräfte duzen. In den unteren Klassen der Grundschule ist es üblich, weil es für Kinder oft schwer ist, Menschen zu siezen. Es gibt sicherlich auch Lehrkräfte der weiterführenden Schulen, die sich duzen lassen. Dies dürfte jedoch eher unüblich sein.

Lehrer:innen sollten gut überlegen, ob sie einer Lerngruppe das Du anbieten, da dies eine folgenreiche Entscheidung sein kann. Einerseits ist davon auszugehen, dass dieser Sonderweg dem übrigen traditionsbehafteten Lehrkörper nicht gefallen könnte. Andererseits verbinden die Schüler:innen die vertraute Anrede unter Umständen mit einer großen persönlichen Nähe. Eine gefestigte Beziehung zu den Schüler:innen ist sehr erstrebenswert. Das ist die positive Seite der Medaille. Die negative Seite: Das Duzen könnte dazu führen, dass der Lehrkraft nicht mehr mit der nötigen Distanz und dem angemessenen Respekt begegnet wird. Disziplinprobleme könnten die Folge sein.

Meine Erfahrung:

Eine gute Beziehung zwischen Lehrkraft und Schülerschaft kann problemlos trotz des Siezens hergestellt werden. Aus diesem Grund empfiehlt sich in den meisten Fällen diese Anredeform.

Wie gehe ich mit dem „Klassenclown" um?

Sicherlich kennen wir alle aus unserer Schulzeit die eine Schülerin oder den einen Schüler, der die Rolle des Klassenclowns eingenommen hat. Er oder sie ist im Unterricht oft vorlaut, störend, teils witzig und steht vor allem meist im Mittelpunkt. Für Lehrer:innen können diese Personen oft herausfordernd sein. Sie sorgen im Klassenraum für große Lautstärke und lenken durch ihr Verhalten die anderen Schüler:innen ab.

Möchte man daran etwas ändern, dann sollte zuerst betrachtet werden, warum Kinder und Jugendliche zum Klassenclown werden. Ihr Verhalten ist ja offensichtlich darauf ausgelegt, im Mittelpunkt zu stehen. Sie brauchen folglich die soziale Beachtung. Einige können in der Schule nicht durch gute Leistungen glänzen und erhalten ihre Beachtung über die Reaktionen ihrer Klassenmitglieder sowie die Sanktionen der Lehrpersonen. Oft sind diese Schüler:innen in ihrer Rolle nicht glücklich.

Lehrer:innen sollten in puncto Klassenclown einerseits Konzepte haben, um die störende Situation im Unterricht zu verbessern. Andererseits sollten sie analysieren, welcher Grund hinter dem Schülerverhalten liegen könnte. Gegebenenfalls müssen dann Unterstützungsangebote für die jeweiligen Kinder angedacht werden.

Gründe für die Einnahme der Rolle des Klassenclowns können sowohl Überforderung als auch Unterforderung sein. Das störende Verhalten dient dann der Kompensation von Überforderung oder Langeweile. Dem kann durch differenzierendes Unterrichten begegnet werden. Die Lehrkraft gibt dem betreffenden Kind Lernangebote, die seinem Leistungsvermögen entsprechen.

Ein weiterer Grund kann die fehlende empfundene soziale Beachtung sein. Falls dem so ist, kann die Lehrkraft überlegen, wie sie den sozialen Status des Kindes in der Klasse stärken kann. Dies könnte durch eine Spezialaufgabe wie beispielsweise einen Klassendienst oder persönliche Bestärkung gelingen. Manche Schüler:innen leiden unter einer Störung wie ADHS. Dann empfinden sie ständig eine innere Unruhe, die sie unter Umständen selbst nicht bändigen können. Hier gibt es zahlreiche Unterstützungsangebote für Betroffene, Eltern und Lehrkräfte.

Zusätzlich zur Anamnese müssen Lehrer:innen die konkrete Situation in der Klasse lösen, da Kinder nicht von heute auf morgen aus der für sie etablierten Rolle des Klassenclowns heraustreten können. Ein Sitzplatzwechsel wirkt hier manchmal Wunder. Nimmt man einem Klassenclown seine Bühne, indem er hinten sitzt oder sein befreundetes Sitzumfeld verlassen muss, können die Störungen abnehmen. Auch ein Sitzplatz direkt vorne bei der Lehrperson wirkt manchmal mäßigend. Persönliche Gespräche im Smalltalk zwischen den Stunden funktionieren oft gut. Manchmal hilft es, die Eltern einzubinden und gemeinsam nach Strategien zu suchen.

An erster Stelle steht beim Umgang mit dem Klassenclown die Beziehungsarbeit. Wenn es um fehlende soziale Beachtung eines von Grund auf unsicheren Kindes geht, helfen persönliche Beachtung und Wertschätzung oft. Für viele Schüler:innen in dieser Rolle ist eine positive Begegnung ihnen gegenüber unerwartet, da sie von Erwachsenen sehr häufig negative Signale erhalten. Wenn eine gute Kommunikationsebene zwischen Schüler und Lehrkraft hergestellt ist, sind alle Gespräche und auch Sanktionen wirkungsvoller.

Übrigens:
Wenn sich Lehrkräfte für die Bewältigung solcher Situationen Hilfe holen, ist dies ein Zeichen von Professionalität. Man kann nicht jede Situation lösen. Warum also nicht die Klassenlehrerinnen und -lehrer, die Schulsozialarbeit oder externe Partner mit an Bord nehmen und sich kompetent beraten lassen?

Wie reagiere ich in einer Mobbing-Situation?

Mobbing ist kein Kavaliersdelikt, sondern kann juristisch gesehen ein Straftatbestand sein. Viele Kinder und Jugendliche leiden sehr, wenn sie Opfer in einer Mobbing-Situation sind. Teils hinterlässt das Narben bis ins Erwachsenenalter hinein. Mobbing findet nicht nur in der Schule und auf dem Schulweg statt. In unserer vernetzten Welt macht Cybermobbing das Leben vieler Kinder und Jugendlichen zur Hölle. Sie werden in sozialen Netzen angefeindet, verleumdet oder es wird kompromittierendes Bildmaterial veröffentlicht. Nicht selten tragen sich die Opfer mit Selbstmordgedanken. Wenn Lehrer:innen Mobbingmechanismen nicht erkennen, herunterspielen oder nicht handeln, kann großer Schaden entstehen. Werden die Opfer vonseiten der Schule nicht geschützt, verstärkt das den Leidensdruck sehr. An dieser Stelle muss klar festgehalten werden, dass die Schule und jede einzelne Lehrperson bei einer Mobbing-Situation handeln muss, nicht nur die Schulsozialarbeit oder die Klassenlehrkraft. Das gilt natürlich für alle Schularten.

Bei einer Mobbing-Situation gibt es ein Opfer, meist eine kleine Tätergruppe und viele Mitläufer. Die Täter haben sich auf das Opfer eingeschossen und führen regelmäßig Aktionen aus, um das Kind in der Opferrolle zu schädigen. Manchmal sind sich die Täter der Tragweite ihres Handels nicht bewusst. Sie tun es aus Langeweile, um ihren eigenen Status innerhalb der Klasse zu erhöhen oder um nicht selbst Opfer zu werden.

Es gibt etablierte Anti-Mobbing-Konzepte, die jede einzelne Lehrkraft oder bestenfalls die Schulgemeinschaft Schritt für Schritt durchführen kann. Dazu gehören beispielsweise das Anti-Bullying-Konzept oder der No Blame Approach. Beide und weitere Konzepte haben sich in der Schule bewährt. Idealerweise entscheidet sich die Schulgemeinschaft für ein konkretes Konzept, das im Ernstfall gemeinsam und mit Unterstützung der Schulsozialarbeit durchgeführt wird.

Wie bekomme ich eine laute Klasse leise?

Eine laute Klasse bekommt man selten durch eigene Lautstärke leise. Wenn Lehrer:innen vor einer lauten Klasse stehen, ist der Impuls, selbst laut zu sprechen oder gar zu schreien, groß. Tut man es, führt das meist dazu, dass die Lerngruppe noch lauter wird. Die gegenteilige Lautstärke ist oft erfolgsversprechender. Das bedeutet: Ist eine Lerngruppe laut, sollten Lehrer:innen ruhig warten und Blickkontakt herstellen; am besten mit jenen Schüler:innen, die gerade laut sind. Wenn es den Lautstärkepegel runterzieht, sollte bewusst leise gesprochen werden.

Dieses Konzept funktioniert leider nicht immer. Die Gründe für große Lautstärke sind vielschichtig. Es könnte an den Verhaltensmustern einzelner Schüler:innen, schlechtem Unterricht mit geringer Motivation, einem für die Lerngruppe aufregenden Tag oder weiteren äußeren Faktoren liegen. Nicht immer lassen sich die Gründe feststellen.

Lehrer:innen sollten einerseits transparente Regeln besprechen, die sie im Ernstfall auch umsetzen. Andererseits sollte Kontakt und bestenfalls Beziehung zu den lautesten Schüler:innen hergestellt werden. Wertschätzung funktioniert meist nachhaltiger als Sanktionierung.

Übrigens:
Bei manchen Lerngruppen ist das Herstellen einer leisen Arbeitsatmosphäre eine Langzeitaufgabe, an der man manchmal verzweifeln kann. Es gehört zum Beruf dazu, mit Rückschlägen professionell umzugehen und es trotzdem immer wieder zu versuchen.

Warum im Stehen begrüßen?

Vor Beginn des Unterrichts erheben sich bestenfalls alle Schüler:innen, natürlich auch die Lehrperson. Sobald Stille herrscht, begrüßt die Lehrkraft die Schüler:innen. Dann setzt sich die Klasse und der Unterricht beginnt.

Diese Schilderung klingt für einige wahrscheinlich antiquiert. Tatsächlich aber tut der ordnende Moment der stehenden Begrüßung allen Schüler:innen gut. Aufstehen bedeutet zumindest eine minimale Bewegung. Bewegung kommt in der Schule oft zu kurz. Man könnte vor der Begrüßung die Schüler:innen auch dazu auffordern, sich zu strecken und etwas die Beine auszuschütteln. Bestenfalls wird kurz vorher der Klassenraum gelüftet. Das erfrischt den Geist.

Abgesehen davon ist diese Art der Begrüßung ein Zeichen des Respekts zwischen Lehrkraft und Klasse. Man zeigt sich gegenseitig Wertschätzung, indem man sich erhebt. Die wichtigste Wirkung der stehenden Begrüßung ist das dadurch geschaffene Strukturelement. Im Stehen gelingt es besser, das Ende der Vorstunde oder Pause zu markieren und ein Zeichen für einen konzentrierten Neuanfang zu setzen. Dabei ist es wichtig, dass die Lehrkraft wartet, bis Stille eingetreten ist. Die Begrüßung sollte nicht in einer unruhigen Atmosphäre erfolgen.

Welche Möglichkeiten der Sanktionierung habe ich?

Das wichtigste Mittel bei der langfristigen Verhinderung von Störungen im Unterricht ist die Beziehungsarbeit. Durch positive Bestätigung kann oft eine Beziehung zwischen Lehrkraft und den Schüler:innen hergestellt werden, die zu einer grundsätzlich entspannten Atmosphäre mit wenigen Störungen führt. Dies ist jedoch ein Langzeitprojekt. Lehrkräfte müssen auch die Möglichkeit haben, einzelne Schüler:innen zu sanktionieren.

Beim Aspekt der Sanktionierung sind Transparenz und Verbindlichkeit wichtig. Alle Schüler:innen müssen im Vorhinein wissen, welche Sanktionen sie erwartet, wenn sie auf eine gewisse Weise handeln. Tritt das Fehlverhalten auf, müssen Lehrkräfte konsequent reagieren. Tun sie es nicht, verlieren sie an Respekt.

Als Voraussetzung, um Sanktionen verhängen zu können, empfiehlt sich ein Regelkatalog. Dieser sollte bestenfalls für die gesamte Schule gelten und mit der Schülerschaft sowie den Eltern entwickelt worden sein. Die dort formulierten Sanktionen müssen durchführbar sein, da sie – wie bereits oben beschrieben – unbedingt verhängt werden müssen, sobald es zu einem Fehlverhalten kommt. Das gilt auch für das Kind, das zum ersten Mal eine Grenze überschreitet und dabei erwischt wird. Die Sanktionen sollten so gestaltet sein, dass sie entweder dem Schüler selbst oder der Schulgemeinschaft zugutekommen. Eine reine Bestrafung ist ungünstig.

Bei groben Verstößen bildet die jeweilige Schulordnung den Kanon der möglichen Sanktionen ab. Hier entscheidet nicht mehr die einzelne Lehrkraft, sondern die Klassenkonferenz, denn es könnte z. B. auch um einen Schulausschluss gehen.

Warum sind W-Fragen verboten?

Die Aussage, dass W-Fragen verboten sind, hält sich hartnäckig in der Lehrkräfteausbildung. Sie wird als Mantra zitiert, sobald eine Referendarin oder ein Referendar einen Satz mit einem Fragewort formuliert, das mit dem Buchstaben „W“ beginnt. Mündige Lehrer:innen sollten bei solchen Leitsprüchen stets hinterfragen, warum sie gelten.

Betrachten wir die Kritik an diesen Fragen einmal analytisch: W-Fragen sind Fragen, die mit einem „W“ beginnen, wie beispielsweise bei den Fragewörtern wie, warum, weshalb, wozu, wer oder wann. Tatsächlich ist daran erst einmal nichts Schlechtes. Oft ist es jedoch so, dass W-Fragen gleichzeitig enge Fragen sind. Es sind also Fragen, denen Schüler:innen nur mit einer einzigen oder zumindest eng begrenzten Antwort begegnen können: „Wann wurde Rom gegründet?“, „Wer gewann die letzte Fußballweltmeisterschaft?“ oder „Wo liegt Bremen?“. Enge Fragen dienen häufig der reinen Wissenstestung. Sie lösen selten offene und vielschichtige Denkprozesse aus. Genau das wollen wir in der Schule jedoch. Die Schüler:innen sollen – durch Fragen ausgelöst – multiperspektivisch denken und im besten Sinne des Konstruktivismus ihre eigene Lösung konstruieren. Dazu benötigt es offene Fragen, und deren Fragewort beginnt selten mit dem Buchstaben „W“. Aber es gibt Ausnahmen: Die Frage „Warum ging das Römische Reich unter?“ ist eine W-Frage und lässt viele Antwortmöglichkeiten zu. Diese Frage regt Denkprozesse an, da es viele Antwortmöglichkeiten gibt.

Fazit:

Grundsätzlich gibt es im unterrichtlichen Kontext wenige Leitsätze, die ohne Ausnahme gelten. Man sollte immer vorsichtig sein, wenn verlangt wird, dass solche vermeintlich in Stein gemeißelte Regeln beachtet werden müssen.

Was ist ein stummer Impuls?

Bei einem stummen Impuls gibt die Lehrkraft den Schüler:innen einen Auftrag, ohne dabei zu sprechen. Oft wird auf eine Karte gezeigt, auf eine Regel an der Wand verwiesen oder eine bestimmte Geste gemacht. So ganz stumm ist ein solcher Impuls jedoch nicht. Kommunikation wird auch ohne Sprache betrieben. Wenn man es genau nimmt, gibt es daher keine völlig stummen Impulse. Das meint Paul Watzlawick mit seinem Axiom „Man kann nicht nicht kommunizieren". Menschen agieren immer mit ihrer Umwelt. Wenn sie dies nicht durch gesprochene Sprache tun, dann durch Gesten, Mimik, Distanzverhalten, Kleidung oder manchmal auch durch fehlende Anwesenheit.

Stumme Impulse sind ein gangbarer Weg, um den Redeanteil von Lehrer:innen zu reduzieren. Zudem bietet dieses Mittel Abwechslung. Stumme Impulse konnen dazu führen, dass sich die Aufmerksamkeit der Schüler:innen erhöht, da sie wachsam auf alle Facetten der Lehrperson achten müssen. Dies kann die Beziehung stärken. Lehrkräfte können es jedoch auch übertreiben. Stumme Impulse dürfen nicht zum Selbstzweck werden. Es darf kein Anspruch sein, so viele stumme Impulse wie möglich zu setzen. Als Abwechslung zwischendurch ist der stumme Impuls jedoch sinnvoll.

Warum soll ich nicht auf Zurufe reagieren?

Das unmittelbare Reagieren auf Zurufe von Schüler:innen ist ein klassischer Anfängerfehler von Lehrkräften. Es wird eine Frage gestellt, und die Antwort wird ohne Meldung in die Klasse gerufen. Es gibt aber auch Schüler:innen, die ohne vorherige Fragestellung ihre Meinung oder Nachfrage in den Klassenraum rufen. Oft reagieren Lehrende auf diese Schüleräußerung, indem sie die Qualität der Antwort bewerten oder die gestellte Schülerfrage beantworten. Dieser Impuls steckt in vielen Menschen, da wir im Alltagsleben natürlich unmittelbar antworten, wenn wir angesprochen werden.

In der Schule ist es hingegen wichtig, dass nicht auf Zurufe reagiert wird. Es ist gemeinhin Konsens, dass sich Schüler:innen melden und nur etwas sagen, wenn sie von der Lehrkraft dazu aufgefordert werden. Das ist in größeren Gruppen sehr sinnvoll, da ansonsten schnell jeder durcheinandersprechen würde, sich dadurch die Lautstärke im Raum erhöhen würde und eine zielgerichtete Kommunikation nicht mehr möglich wäre. Zudem würden nur Schüler:innen zu Wort kommen, die am lautesten und bestimmtesten auftreten.

Es gibt also weitreichende Folgen, wenn Lehrer:innen auf die Störung des Reinrufens reagieren. Akzeptieren Lehrkräfte die Nichteinhaltung einer Regel, könnten Schüler:innen wahrnehmen, dass diesen Lehrkräften Regeln nicht so wichtig sind. Im schlimmsten Falle bahnen sich dadurch weitere Disziplinprobleme an.

Tipp:

Lehrer:innen sollten üben, nicht auf Zuruf zu reagieren. Dazu ist manchmal Training notwendig, da der Impuls des Antwortens tief in uns steckt. Es ist jedoch auf jeden Fall ein lohnendes Training.

Warum nie zu einer lauten Klasse sprechen?

Viele Lehrer:innen starten ihren Unterricht bereits mit einem stimmlichen Kraftakt: Sie strengen sich bereits in ihrer Begrüßung an, um in einer lauten Klasse gehört zu werden. Die Schüler:innen nehmen dann wahr – wenn auch unbewusst –, dass die Einhaltung von Regeln, besonders die Regel bezüglich der Lautstärke, nicht wichtig ist. Schlimmstenfalls könnten die Schüler:innen den Eindruck gewinnen, dass eine Lehrperson nicht dazu imstande ist, die gesetzten Regeln einzufordern.

Viele Lehrer:innen tolerieren eine Grundlautstärke während ihres Unterrichts. Sie akzeptieren, dass Schüler:innen während des Unterrichtsgespräches Privatkommunikation betreiben. Für diese Toleranz kann es unterschiedliche Gründe geben. Einigen Lehrkräften ist es schlichtweg zu anstrengend, immer wieder zu ermahnen. Allerdings wird die Lautstärke in der Klasse durch ein stillschweigendes Akzeptieren immer größer – und irgendwann herrscht nie mehr Stille.

Fazit:

Auch wenn die Einforderung des Ordnungsrahmens die Lehrkraft große Kraft kostet, zahlt sich der Einsatz in der Regel aus. Die mühevoll geleistete Anfangsinvestition führt dazu, dass die Klassen nach einigen Wochen grundsätzlich leiser werden. Dies tut den Schüler:innen selbst auch gut. Lautstärke ist nämlich nicht nur für Lehrer:innen anstrengend. Auch viele Schüler:innen beklagen sich nach dem Unterrichtstag über ein zu lautes Arbeitsklima.

Warum nicht in eine Arbeitsphase hineinsprechen?

Nicht immer sind die Schüler:innen für Unruhe im Klassenraum verantwortlich. Manchmal ist es auch die Lehrperson selbst. Ein Grund dafür sind Kommunikationsregeln, an die man sich als Lehrkraft nicht hält. Eine typische Regel ist, dass es in einer Arbeitsphase leise sein soll und dass konzentriert gearbeitet wird. Wird diese Regel nicht eingehalten, weil Lehrer:innen diese Arbeitsphase durch einen nachgelagerten Arbeitsauftrag oder eine verbale Verdeutlichung oder einfach nur durch einen Kommentar unterbrechen, bedeutet dies für die Klasse, dass die Regel der stillen Arbeitsphase ausgesetzt ist. Die Folge: Auch die Kinder und Jugendlichen halten sich nicht mehr an die Regel. Abgesehen davon stört das Sprechen in einer Arbeitsphase den Lernprozess der Schüler:innen. Oft muss erst mit großer Anstrengung für Aufmerksamkeit gesorgt werden, bevor alle Schüler:innen aufmerksam zuhören. Im Allgemeinen dauert es danach erneut einige Minuten, bis die Lernenden wieder konzentriert arbeiten.

Fazit:

Natürlich müssen Lehrer:innen eine Arbeitsphase unterbrechen, wenn die Arbeit in die falsche Richtung läuft, etwa weil grundsätzliche Probleme auftreten oder sich zeigt, dass der gestellte Arbeitsauftrag nicht transparent war. In diesem Falle muss unterbrochen werden. Bestenfalls sind die Arbeitsaufträge jedoch so gut vorbereitet, dass an dieser Nahtstelle des Unterrichts nichts schiefgeht.

Wie reduziere ich meinen Redeanteil?

Ein zu hoher Redeanteil ist das wohl am häufigsten vorkommende Verbesserungspotenzial bei jungen Lehrer:innen. Sie reden einfach zu viel und lassen die Schüler:innen nicht zu Wort kommen. Dadurch ist die Aktivierung der Lerngruppe oft zu gering und der Unterricht wird für die Schüler:innen langweilig. Abgesehen davon ist es für Lehrer:innen sehr anstrengend, einen Schultag lang permanent zu reden. Im optimalen Fall sprechen Lehrkräfte so viel wie nötig und so wenig wie möglich.

Viele Betroffene sind sich ihres hohen Redeanteils nicht bewusst. Der erste Schritt zur Abhilfe ist daher die Selbstwahrnehmung. Bestenfalls hospitieren Lehrer:innen gegenseitig im Unterricht und geben sich kriteriengeleitetes Feedback. Der Redeanteil kann dabei auch von fachfremden Kolleginnen und Kollegen beobachtet werden. Aber auch ohne dieses Unterstützerkonzept können sich Lehrende nach jeder Phase im Unterricht fragen, wie hoch der eigene Redeanteil war, an welcher Stelle sie zu viel gesprochen haben und wie man den Redeanteil hätte reduzieren können.

Vielen Lehrer:innen hilft ein Blatt auf dem Pult, auf dem in großen Buchstaben die Worte „wenig sprechen" stehen. Gerade Einstiegsphasen können vor der Unterrichtsstunde mit Blick auf den Redeanteil geübt werden. Wie kann ein Lehrervortrag mit möglichst wenigen Worten gehalten werden? Welche kurzen Impulse sind möglich? Wie kann durch nonverbale Gesten ein Gespräch unter Schüler:innen entfacht werden.

Weitere Tipps:

Auch methodische Settings können dazu beitragen, den eigenen Redeanteil zu reduzieren. Die Lerngruppe könnte Informationen z. B. mit einer Meldekette untereinander weitergeben, Schüler:innen könnten im Unterrichtsgespräch die Rolle der Moderatoren einnehmen und man kann Unterrichtsphasen bewusst so planen, dass die Lehrperson außen vor ist.

Wie nutze ich in der Schule Smalltalk?

Smalltalk ist eine gute Möglichkeit, mit ganz unterschiedlichen Menschen entspannt ins Gespräch zu kommen, um etwas von ihnen zu erfahren und vor allem um Beziehungen zu festigen. Gerade wegen des letztgenannten Grundes sollten Lehrer:innen Smalltalk professionell einsetzen. Dadurch gelingt es ihnen, mit ihren Kolleginnen und Kollegen sowie der Schülerschaft möglichst oft Gespräche abseits des Unterrichts und des Arbeitsalltags zu führen.

Die Beziehung zu Schüler:innen lässt sich enorm steigern, wenn Lehrkräfte nicht nur im unterrichtlichen Kontext mit ihnen sprechen, sondern auch persönliche Gespräche zulassen. Aus diesem Grund sind Wandertage und Klassenfahrten so wirkungsvoll. Kinder und Lehrkräfte lernen sich dort anders kennen.

Insgesamt sollte es jedoch eine Grenze geben. Es ist durchaus möglich, eine Schülerin oder einen Schüler nach den Erlebnissen des Wochenendes zu fragen oder sich über die Pläne für die nächsten Ferien auszutauschen. Eine Lehrkraft kann auch etwas von sich erzählen, ohne zu viele private Informationen preiszugeben.

Wer unsicher ist, sollte Smalltalk planen. Dies gelingt beispielsweisen, indem man sich Redemuster oder Fragen aneignet, um sie in der Situation aus dem Gedächtnis abrufen zu können. Das muss nichts literarisch Hochwertiges sein. Solche Kommunikationsstandards dienen nur dazu, einen Smalltalk einzuleiten und bestenfalls das Gegenüber reden zu lassen.

Übrigens:

Es hilft zu wissen, dass Menschen ein Gespräch als gelungen empfinden, wenn sie selbst viel sprechen. Die Schüler:innen freuen sich im Allgemeinen über die Aufmerksamkeit und reden bereitwillig. Sie nehmen wahr, dass sich die Lehrperson für sie persönlich interessiert, was wiederum die Beziehung stärken kann.

Was sagt die Kleidung über die Lehrperson aus?

Die Wahl und der Zustand der Kleidung sind eine Facette der nonverbalen Kommunikation. Wir kommunizieren nicht nur durch unsere Sprache, sondern auch entscheidend durch unsere Kleidung. Es macht einen Unterschied, ob ein Lehrer mit Anzug und Krawatte oder in Shorts und Flip-Flops vor der Klasse steht.

In der Wahl der passenden „Berufskleidung" sind Lehrkräfte heute viel freier als früher. Bis zur Mitte des 20. Jahrhunderts trugen an einem Gymnasium sowohl Lehrerschaft als auch Schülerschaft einen Anzug. Heute wäre das sicherlich an den meisten Orten overdressed. Wenn Lehrer:innen also in gepflegter Freizeitkleidung unterrichten, dürfte niemand daran Anstoß nehmen. Der klassische Weg ist dabei völlig unverfänglich. Es ist vielerorts auch möglich, interessenbezogene Kleidung zu tragen, dazu gehören z. B. T-Shirts mit lustigen Sprüchen oder auch ungewöhnliche Accessoires. Ausgeschlossen sind jedoch Zeichen einer politischen Zugehörigkeit. Lehrkräfte dürfen entsprechend des Beutelsbacher Konsenses Ihre Schüler:Innen nicht beeinflussen, und das würden sie zweifelsfrei durch Kleidung mit Parteislogan tun. Sexuell freizügige Kleidung hat in der Schule auch nichts verloren.

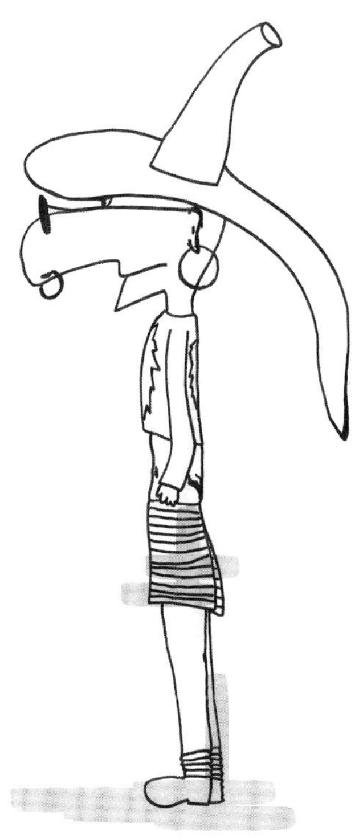

Fazit:

Auf jeden Fall müssen sich Lehrer:innen der Wirkung ihrer Kleidung bewusst sein.

Müssen Lehrkräfte Kinder mögen?

In einem Lehramtsstudium sollte man vor allem die Tätigkeit des Unterrichtens im Blick behalten. Lehramtsstudierende werden in der Regel keine Wissenschaftlerinnen und Wissenschaftler, sondern arbeiten als Lehrkräfte pädagogisch in der Schule. Natürlich ist Fachwissen für Lehrkräfte sehr wichtig. Die pädagogischen sowie didaktischen Elemente des Studiums sowie die Praktika sollten jedoch ernst genommen werden. Die Praktika bieten eine Möglichkeit zu testen, wie gut der Umgang mit Kindern und Jugendlichen gelingt und ob man gerne mit dieser Zielgruppe arbeitet. Viele Aspekte des Lehrerberufes können erlernt werden. Man kann jedoch nicht lernen, Kinder und Jugendliche zu mögen. Das ist eine elementare Grundsatzeinstellung.

Meine Haltung dazu:

Es gibt sicherlich Menschen, die von Kindern und Jugendlichen genervt sind, die vielleicht nur ihre eigenen Kinder und Verwandten wirklich mögen. Das ist auch o.k. so. Diese Personen sollten jedoch nicht Lehrer:innen werden.

Warum haben Weltverbesserer schlechte Karten?

Nicht wenige Menschen entscheiden sich für den Lehrerberuf, weil sie hochfliegende Ziele haben. Sie wollen es besser machen, als ihre eigenen Lehrkräfte früher, oder sie möchten durch ihr Beispiel das ganze Schulsystem optimieren. Dagegen ist nichts einzuwenden. Studien zeigen jedoch, dass gerade die Gruppe, die als Berufsmotivation das „Weltverbesserer-Gen" in sich trägt, mit höherer Wahrscheinlichkeit eine berufsbezogene Erkrankung entwickelt.

Das könnte daran liegen, dass diese Motivation in der Schulrealität oft enttäuscht wird. Lehrer:innen müssen sich an viele Vorgaben halten. Änderungen sind nicht von heute auf morgen umzusetzen. Wenn der professionelle Abstand zum Beruf fehlt, können Enttäuschungen im wahrsten Sinne des Wortes an die Nieren gehen. Frustrationen wird es jedoch im Laufe der Jahre in jedem Lehrerleben geben.

Deshalb gilt es zu berücksichtigen:

Es ist sehr gut, wenn Lehrer:innen Ziele haben, die über das Normale hinausgehen. Es ist auch schön, wenn sie Schule weiterentwickeln wollen. Sie müssen sich jedoch bewusst sein, dass das Schulsystem ein schwerer Tanker ist, der sich nur ganz langsam bewegt. Lehrer:innen müssen mit Rückschlägen umgehen können. Misserfolge sind Teil des Jobs, und Probleme sollten nicht mit nach Hause genommen werden.

Ehemalige Schüler:innen ansprechen oder nicht?

Aus Erfahrung kann ich sagen, dass man zwar nicht alle ehemaligen Schüler:innen nach Jahren wiedererkennt, an viele erinnert man sich jedoch. Oft entstehen komische Situationen, wenn man sie nach Jahren oder Jahrzehnten zufällig in der Stadt oder beim Einkauf trifft. Man blickt sich an. Wahrscheinlich erkennen die ehemaligen Kinder und Jugendlichen ihre Lehrkraft von einst sofort, da sich Erwachsene weniger verändern. Oft erkennt man dann ein Zögern in deren Blick. Ob der Lehrer von damals sich wohl erinnert? Soll man ihn ansprechen oder nicht, soll ich als ehemaliger Schüler den ersten Schritt machen?

Ich bin der Überzeugung, dass man als Lehrkraft gerne den ersten Schritt machen darf. Oft ergeben sich dadurch nette Gespräche. Man erlebt, dass die Störenfriede von damals nun erfolgreich im Berufsleben angekommen sind und ihre eigene Familie gegründet haben. Man hört oft sehr schöne Lebensgeschichten. In diesem Kontext ist es nicht schlimm, wenn einem der Namen der ehemaligen Schützlinge nicht mehr einfällt, oder wenn man sich nicht mehr an den Zeitpunkt erinnert, an dem man gemeinsam im Klassenraum war. Es ist keine Schande, nach dem Namen zu fragen und Informationen abzugleichen.

Wie gestalte ich meinen Vorbereitungsdienst effizient?

Der Vorbereitungsdienst oder in einigen Lehrämtern das Referendariat ist die zweite Phase der Lehrkräfteausbildung. Sie beginnt nach dem Studium. Die jungen Lehrer:innen arbeiten in dieser Zeit als Lehrkraft an einer Einsatzschule und werden zeitgleich mit praktischem Fokus ausgebildet und am Ende des Vorbereitungsdienstes geprüft. Die Gestaltung der Lehrkräfteausbildung obliegt jedoch den Bundesländern und ist somit unterschiedlich.

Von vielen angehenden Lehrkräften wird das Referendariat als eine sehr stressige Zeit beschrieben. Sicherlich ist die Phase arbeitsintensiv. Ohne große praktische Erfahrung unterrichtet man eigenständig wie eine normale Lehrkraft. Man plant Unterricht, erteilt Noten und gestaltet Elternarbeit. Dazu kommt noch die intensive Ausbildung an Studienseminaren mit den Unterrichtsbesuchen und Prüfungen.

Für viele junge Lehrer:innen ist es jedoch gleichzeitig eine sehr spannende und zufriedenstellende Zeit, denn sie dürfen zum ersten Mal das tun, weswegen sie den Beruf gewählt haben. Sie dürfen an einer Schule eigenständig ihre Fächer unterrichten und mit Kindern und Jugendlichen arbeiten.

Zu dieser Phase können drei grundlegende Tipps gegeben werden:

1. Man sollte diese Zeit ohne Angst und negative Beeinflussung beginnen und sich auf eine schöne Erfahrung freuen.
   Viele erleben den Vorbereitungsdienst als schöne Lebensphase. Es ist eine Zeit des Neuanfangs, mit einer meist steilen persönlichen Lernkurve.
2. Man sollte sich offen für Feedback zeigen. Viele Lehrer:innen haben im Studium bereits Erfahrungen in der Jugendarbeit oder in einer Schule gesammelt. Diese Erfahrung hilft ihnen. Manche haben jedoch einen falschen Eindruck von der Qualität ihres Unterrichts, da sie vor dem Vorbereitungsdienst selten professionelles Feedback erfahren haben. Zu Beginn des Vorbereitungsdienstes sollte man sich am besten emotional wieder auf null stellen und offen für Hinweise aller Art sein.

3. Im Vorbereitungsdienst müssen zahlreiche Aufgaben erledigt werden. Neben der regelmäßigen Unterrichtsplanung und Korrekturarbeit sind Unterrichtsbesuche und Prüfungen vorzubereiten. Der dritte Tipp bezieht sich deshalb auf den Aspekt des Zeitmanagements. Man sollte alle planbaren Arbeiten zeitnah erledigen und keine Aufgaben unendlich aufschieben. Sonst steht man vor der Prüfung und hat einen riesigen Berg von nicht zu bewältigenden Aufgaben vor sich. Wenn man stetig, immer Schritt für Schritt, die nächste Aufgabe erledigt, hat man ein besseres Gefühl und kann in der Prüfungsphase entspannter sein.

Was tun, wenn meine Rechtschreibung mies ist?

Schüler:innen sowie deren Eltern nehmen üblicherweise an, dass Rechtschreibung und Zeichensetzung von Lehrkräften tadellos sind. Dem ist jedoch nicht immer so. Es gibt nicht wenige Lehrer:innen, die in der Schriftsprache nicht fehlerfrei unterwegs sind. Einige von ihnen haben sogar eine LRS-Problematik.

Eine Ebene der Problematik ist die Schriftsprache im Unterricht. Tafelanschriebe sollten fehlerfrei sein. Als Hilfsmittel können hier vorgefertigte Textkarten dienen, die angepinnt werden. Außerdem können mögliche Anschriften vorbereitet werden.

Allerdings:

Ein Tafelanschrieb ist vor allem dann gut, wenn Aussagen der Klassenmitglieder unverändert übernommen werden. Das wertet die Schülerbeiträge auf und motiviert die Schüler:innen. Mit vorgefertigten Textbausteinen ist dies jedoch nicht möglich. Einige Lehrkräfte greifen deshalb zu der Möglichkeit, ein Klassenmitglied zur Tafel zu bitten, um den Anschrieb an ihrer statt vorzunehmen.

Lehrkräfte kommunizieren außerhalb des Unterrichts. Sie verfassen Elternbriefe, gestalten schriftliche Kommunikation mit externen Institutionen, kommunizieren per Mail und dokumentieren in Klassenbüchern.

Lehrer:innen mit Einschränkungen im Bereich der Schriftsprache sollten an erster Stelle versuchen, diese Schwäche zu beheben. Es gibt beispielsweise Bücher, die sich an Erwachsene richten und die didaktisch hochwertig aufzeigen, wie die eigenen Kompetenzen im Bereich der Orthografie verbessert werden können.

Wie gehe ich am besten mit meinen Fehlern um?

Der Begriff Fehlerkultur ist in aller Munde, aber was bedeutet er konkret? In der Schule sollten Fehler nicht als Versagen, sondern als Chance gesehen werden. Das betrifft natürlich in erster Linie Fehler, die von Schüler:innen gemacht werden. Natürlich machen auch Lehrkräfte Fehler. Wenn Schule eine positive Fehlerkultur vorleben möchte, müssen Lehrer:innen im Umgang mit eigenen Fehlern beispielhaft sein. Es muss für sie in Ordnung sein, dass sie von ihren Klassen korrigiert werden, falls mal etwas Falsches an der Tafel steht oder ein Kontext fehlerhaft geschildert wurde.

Manchmal fallen den Schüler:innen Fehler auf einem Arbeitsblatt oder an der Tafel nicht auf. Lehrer:innen sollten diese jedoch auch in diesem Fall nicht vertuschen. Im ungünstigsten Falle lernen sonst die Klassenmitglieder in Vorbereitung auf eine Überprüfung die Fehler gleich mit. Das gilt es unbedingt zu vermeiden.

Natürlich sollte sich die Frequenz an Lehrerfehlern in Grenzen halten. Lehrkräfte, die einen fachlichen Fehler nach dem anderen produzieren, verlieren schnell den Respekt der Schülerschaft. Oft ist es bei Lehramtsanfängern in der Schule so, dass sich die Themen ihres Universitätsstudiums nicht mit den Lehrplanthemen in der Schule decken und sie diesbezüglich Wissenslücken haben. Das ist grundsätzlich kein Problem. Der Anspruch muss jedoch sein, sich möglichst schnell einen fundierten Überblick zu verschaffen.

Wie optimiere ich mein Zeitmanagement?

Die Möglichkeit, ihre Arbeitszeit frei zu gestalten, klingt attraktiv. Sie ist jedoch für viele Menschen Fluch und Segen zugleich. Gerade Lehrkräfte arbeiten einen Großteil ihrer Zeit in freier Verfügung. Das hat Vorteile und Nachteile.

Grundsätzlich ist es egal, wann neuer Unterricht vorbereitet wird oder Korrekturen erledigt werden. Dies ist ein großer Vorteil des Berufes. Für viele Lehrer:innen führt diese Freiheit jedoch dazu, dass sie das Gefühl haben, niemals fertig zu sein. Sie arbeiten oft bis in die Nacht hinein. Anderen fällt es schwer, sich aufzuraffen, und so hecheln sie ihren Aufgaben immer wieder hinterher. Das wiederum führt dazu, dass am Ende nicht mehr genug Zeit bleibt, diese sorgfältig zu erledigen.

Lehrer:innen müssen sich Kompetenzen im Bereich des Zeitmanagements erarbeiten. Dazu gehört beispielsweise eine nach Prioritäten geordnete To-do-Liste. Diese kann man in Papierform oder online führen.

Die Aufgaben mit hoher Priorität erledigt man am gleichen Tag, Aufgaben mit geringer Priorität könnte man vertagen, und Aufgaben, die nur einige Minuten in Anspruch nehmen, werden sofort erledigt. Nach meiner Erfahrung kann es für große Befriedigung sorgen, wenn man am Abend alle Tagesaufgaben abgehakt hat und sich das gute Gefühl einstellt, das Aufgabenpensum geschafft zu haben.

Wie gehe ich professionell mit meiner Stimme um?

Lehrer:innen haben einen Stimmberuf. Sie sprechen einen Großteil ihrer Arbeitszeit – und das nicht unbedingt leise. Im Gegensatz zu anderen Sprechberufen, in denen die Kommunikation am Telefon oder per Mikro im Konferenzsaal stattfindet, stehen Lehrkräfte im Regelfall in einem Klassenraum knapp 30 Schüler:innen gegenüber, die nicht immer leise sind. Das geht eigentlich nur mit einer trainierten Stimme. Tatsächlich kann man die Stimme – genau wie einen Muskel – so trainieren, dass sie leistungsfähiger wird. Man kann Kraft aufbauen und Techniken erlernen, mit denen man gesünder spricht. Sonst wäre es z. B. nicht möglich, dass Schauspieler den ganzen Tag lang Hörbücher einsprechen oder Opernsängerinnen ohne Verstärkung gegenüber einem vielköpfigen Orchester einen ganzen Theatersaal beschallen. Es ist sehr schade, dass Stimmtraining in den meisten Ausbildungsprogrammen für Lehrkräfte keine Rolle spielt.

Lehrer:innen müssen folglich selbst dafür sorgen, dass sie Kompetenzen im Umgang mit ihrer Stimme erwerben. Nicht wenige Lehrkräfte entwickeln im Laufe ihres Lebens eine Stimmerkrankung und können ihren Beruf deswegen nicht mehr ausüben. Wege zu einer gesunden Stimme führen beispielsweise über eine Sprecherausbildung, Gesangstraining oder über die Arbeit mit Logopädinnen und Logopäden. Zusätzlich sollte der Unterricht so geplant sein, dass nicht die Lehrkraft, sondern die Schüler:innen die meisten Redeanteile haben. Das verbessert den Unterricht, bedeutet jedoch auch für die Stimme der Lehrperson eine geringere Anstrengung.

Tipp:
Sängerinnen und Sänger beginnen ihren Arbeitstag mit dem Einsingen. Sie bereiten ihre Stimme auf die Aufgaben des Tages vor und absolvieren gleichzeitig eine kleine Technik- sowie Kraftübung. Lehrkräfte sollten sich dies unbedingt zum Vorbild nehmen. Warum nicht morgens nach dem Aufwachen, gerne im Auto auf dem Weg zur Arbeit, ein 10-Minuten-Programm absolvieren, um die Stimme zu erwärmen? Anleitungen dafür kann jeder Vocalcoach geben.

Warum ist Bildung Ländersache?

Das Bildungssystem in Deutschland ist föderal aufgebaut. Föderalismus hat in Deutschland eine Tradition, die bis ins Mittelalter zurückreicht. Nach dem Zweiten Weltkrieg wurde das föderale System in die Verfassung aufgenommen. Föderalismus bedeutet für Deutschland, dass die einzelnen Bundesländer in vielen Bereichen eine hohe Eigenständigkeit gegenüber der Bundesregierung haben. In Deutschland sind die Bundesländer für die Schulen und das jeweilige Bildungssystem zuständig. Aus diesem Grund unterscheiden sich die Bildungssysteme der einzelnen Bundesländer. Je nach den politischen Mehrheiten in einem Bundesland wird das eine oder das andere Bildungssystem propagiert. Deshalb ist die Schulbildung in Deutschland nicht vollends vergleichbar. Einer zu großen Uneinheitlichkeit wirken Institutionen wie die Kultusministerkonferenz entgegen. In diesem Gremium sprechen sich die Bildungspolitikerinnen und Bildungspolitiker der Länder untereinander ab und formulieren Leitlinien.

Was sagt die PISA-Studie wirklich?

Die PISA-Studie ist eine internationale Vergleichsstudie, die von der OECD durchgeführt wird. Sie untersucht die Kenntnisse und Fähigkeiten von Schüler:innen im Alter von 15 Jahren. Im Fokus stehen dabei die Bereiche Lesen, Mathematik und Naturwissenschaften. Die Studie wird alle drei Jahre durchgeführt. Durch die PISA-Studie ist es möglich, die Bildungssysteme verschiedener Länder miteinander zu vergleichen und ein Bildungsranking abzubilden.

Die PISA-Studie erfasst dabei nicht alle Faktoren von Schule. Viele Bereiche von Schule bleiben außen vor. Ins Auge springen jedoch die unterschiedlichen Bildungschancen von Schüler:innen. In Deutschland haben Kinder und Jugendliche aus bildungsnahen Akademikerfamilien deutliche höhere Chancen, das Abitur zu erreichen, als Schüler:innen aus bildungsfernen Familien. Diese Feststellung gilt auch für Schüler:innen mit gleich hoher Intelligenz.

Dieser Unterschied ist die bedeutendste Rückmeldung, die PISA uns gibt. Damit ist ein konkreter Auftrag an alle Lehrer:innen sowie die Bildungspolitik gerichtet: Es muss darauf hingewirkt werden, dass alle Kinder und Jugendlichen die gleichen Bildungschancen erhalten.

Was ist ein Querschnittsthema?

Als Querschnittsthema bezeichnet man ein Themengebiet, das in einer bestimmten Zeit für alle Fächer relevant ist und keinem einzelnen Fach zuzuordnen ist. Querschnittsthemen stehen oft im Fokus der Politik sowie der gesellschaftlichen Diskussion und übertragen sich daher in die Schule. Oft werden einzelne Querschnittsthemen von Interessenvertretungen forciert.

Querschnittsthemen sind beispielsweise Bildung für nachhaltige Entwicklung (BNE), Digitalisierung oder politische Bildung. Bestenfalls werden die Themengebiete in alle Unterrichtsfächer organisch integriert. Nachfolgend ein Beispiel der Einbindung des Querschnittsfaches Digitalisierung:

Im Mathematikunterricht werden Algorithmen entwickelt, in Deutsch wird ChatGBT ausprobiert, in Ethik/Philosophie werden die Chancen und Risiken der Digitalisierung verhandelt, und in Kunst könnte man sich mit der Herstellung digitaler Gemälde befassen.

Die meisten Querschnittsthemen sind sinnvoll und wichtig. Kritisch betrachtet ist es jedoch schlichtweg nicht möglich, immer noch mehr Querschnittsthemen in den Regelunterricht zu integrieren, ohne dass die Themenfelder des fachspezifischen Kanons beschnitten oder die Unterrichtszeit ausgeweitet wird.

Warum gibt es Noten?

Noten haben viele Funktionen. Sie geben den Schüler:innen Rückmeldung über deren Lernstand, stellen eine Vergleichsgröße innerhalb der Lerngruppe dar und dienen als Auswahlkriterium für weiterführende Bildungseinrichtungen oder den Arbeitsmarkt. Benotung kann von Schüler:innen durchaus positiv wahrgenommen werden, wenn sie z. B. erleben, dass ihre Leistungen und der Lernaufwand mit einer guten Note belohnt werden.

Es gibt Stimmen, die die Benotung – zumindest in unteren Klassenstufen – abschaffen wollen. In vielen Grundschulklassen gibt es keine Benotung und auch weiterführende Schulen haben benotungsfreie Klassenstufen eingerichtet. Lernen ohne Benotungsdruck entspannt das Unterrichtsklima, deshalb dieser Tipp: Jede Lehrkraft sollte in jeder Klasse Zeiträume definieren, in denen keine Benotung stattfindet. Diese Zeiträume werden natürlich gegenüber der Lerngruppe kommuniziert.

Worüber wird im Lehrerzimmer gesprochen?

Das dürfte vor allem für Schüler:innen eine hochinteressante Frage sein: Worüber sprechen Lehrer:innen in den Pausen im Lehrerzimmer? Vielleicht fühlen sich auch Berufseinsteigerinnen und -einsteiger oder Praktikantinnen und Praktikanten unsicher und wissen nicht, wie sie im Lehrerzimmer kommunizieren sollen.

Fest steht, dass in einem Lehrerzimmer nicht nur über Schüler:innen diskutiert wird. Es ist ja der Mitarbeiterpausenraum der Schule. Natürlich werden hier auch private Gespräche geführt. Es wird gespaßt und gelacht. Kommt man neu in ein Kollegium, sollte man erst einmal erspüren, welche Umgangsriten an der neuen Schule gepflegt werden. Daran sollte man sich zunächst orientieren.

Wird im Lehrerzimmer über schulinterne Dinge gesprochen und diskutiert man über Lerngruppen oder Schüler:innen, gilt die dienstliche Schweigepflicht. Die Inhalte dieser Gespräche dürfen nicht mit Dritten geteilt werden. Es sollte zudem in einem Lehrerzimmer, das manchmal auch Lehrerarbeitszimmer ist, die Möglichkeit zum ruhigen Arbeiten geben. Zur Korrektur von Arbeiten oder zur Planung von Unterricht benötigt man Konzentration. Es muss folglich auch Zeiten oder Plätze im Lehrerzimmer geben, an denen nicht kommuniziert wird.

Was sind deutsche Auslandsschulen?

Deutsche Auslandsschulen dienen dazu, im Ausland lebenden Kindern und Jugendlichen einen deutschen Schulabschuss zu ermöglichen. Es gibt weltweit über 100 deutsche Auslandsschulen in rund 70 Ländern. Sie bieten alle Abschlüsse des deutschen Schulsystems an. Die zentrale Organisation übernimmt die Zentralstelle für Auslandsschulwesen in Bonn.

Deutsche Lehrkräfte können sich für den Auslandsschuldienst bewerben und für mehrere Jahre im Ausland unterrichten. Sie werden dort nach deutschen Bedingungen besoldet. Der Auslandsschuldienst ist für viele Lehrer:innen eine gute Möglichkeit, bei finanziell hoher Sicherheit das Leben in einem anderen Land kennenzulernen. Gerade für junge Familien ist der Auslandsschuldienst lohnend, da die eigenen Kinder dadurch die Möglichkeit haben, zweisprachig aufzuwachsen.

Bewerberinnen und Bewerber können sich über die Zentralstelle, die Bildungsministerien der Länder oder die Amtsblätter über freie Stellen informieren.

Neben der Tätigkeit als Fachlehrkraft sind regelmäßig Schulleitungsstellen ausgeschrieben. Das Kollegium der Auslandsschulen besteht meist aus deutschen Lehrkräften und Ortskräften. Auftrag der Auslandsschulen ist nicht nur die Ausbildung von Kindern und Jugendlichen, sondern oft auch die Festigung der länderübergreifenden Beziehungen.

Was sind Privatschulen?

Neben den staatlichen Schulen gibt es Bildungseinrichtungen in privater Trägerschaft. Die Schulträger sind in diesem Fall beispielsweise Vereine oder Kirchen. Privatschulen unterliegen ebenso wie staatliche Schulen den Gesetzen und Vorgaben des deutschen Schulrechts. Sie müssen sich an Schulgesetze und schulbezogene Verwaltungsvorschriften halten.

Oft haben Privatschulen einen besonderen Schwerpunkt, etwa hinsichtlich ihrer pädagogischen Ausrichtung oder ihrer Weltanschauung. Bei kirchlichen Schulen liegt dieser auf der Hand, andere orientieren sich z. B. an einem besonderen reformpädagogischen Fokus.

In Deutschland werden private Schulen zu einem bedeutenden Anteil durch staatliche Mittel getragen. Der private Schulträger finanziert einen Teil seiner Schule jedoch auch durch eigene Mittel. Dies zeigt sich oft in einem hochwertigen Gebäude und einer modernen Ausstattung.

Lehrer:innen können sich nach abgeschlossener Berufsausbildung sowohl im Staatsdienst als auch bei privaten Schulträgern bewerben. Die Bedingungen und Besonderheiten dafür sind in den Ländern unterschiedlich und sollten im Vorhinein in Erfahrung gebracht werden. Es ist beispielsweise nicht in jedem Fall problemlos möglich, von einer privaten Schule zu einer staatlichen Schule zu wechseln.

Was ist ein multiprofessionelles Team?

Bei einem multiprofessionellen Team betreut nicht nur eine einzige Lehrkraft die Schüler:innen einer Klasse. Stattdessen arbeiten mehrere Menschen unterschiedlicher Profession gemeinsam mit den Kindern und Jugendlichen. Zu dieser Gruppe gehören neben Lehrer:innen die Fachkräfte der Schulsozialarbeit, Förderschullehrkräfte sowie Erzieherinnen und Erzieher. Bestenfalls sind noch außerschulische Partner involviert. Diese könnten z. B. Fachkräfte von Jugendamt und Jugendhilfeeinrichtungen sein, die Polizei oder Schulpsychologinnen und Schulpsychologen. Das Hilfreiche an einer solchen Bildungsgemeinschaft ist, dass mehrere Menschen mit ihrem jeweils eigenen fachlichen Blickwinkel auf die Kinder schauen. Ein multiprofessionelles Team ist sehr viel kompetenter, als es eine einzelne Lehrkraft sein kann. Natürlich bedarf das einiger Absprachen und einer professionellen Kommunikationsstruktur. Diese zu etablieren ist zu Beginn sicherlich arbeitsintensiv. In der Nachbetrachtung verlaufen die Prozesse jedoch im Allgemeinen schneller und lösungsorientierter.

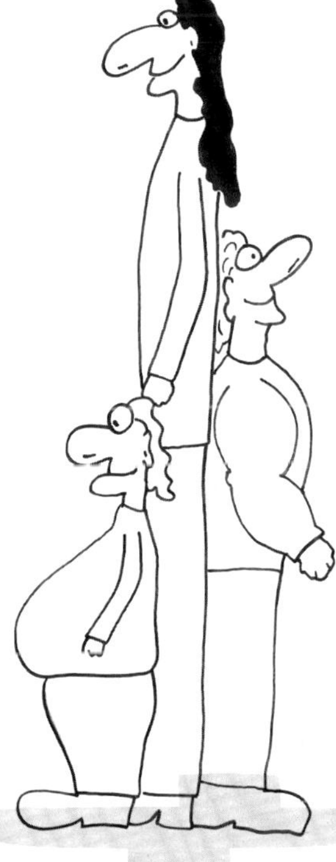

Wie funktioniert Ländertausch?

Lehrer:innen sind meist unbefristet im Staatsdienst und damit bei einem Bundesland angestellt. In vielen Bundesländern werden Lehrkräfte zudem verbeamtet. Grundsätzlich ist eine unbefristete Stelle mit einer hohen Sicherheit verbunden. Im Normalfall sind Lehrer:innen damit unkündbar. Dieses Beschäftigungsverhältnis bringt jedoch auch Nachteile mit sich. Es ist beispielsweise nicht so leicht, den Dienstort zu wechseln. Das geht innerhalb eines Bundeslandes nur über einen Antrag bei der Aufsichtsbehörde. Möchten Lehrkräfte – beispielsweise wegen einer familiären Bindung – in ein anderes Bundesland wechseln, ist das nur schwer möglich.

Das Verfahren zum Wechsel des Bundeslandes nennt sich Ländertausch. Er funktioniert so: Lehrer:innen beantragen in einem ersten Schritt ihre Freigabe bei ihren jeweiligen Dienstherren. Ist diese erteilt, kann es zum Ländertausch kommen, falls das aufnehmende Bundesland Interesse hat und es einen Tauschpartner gibt. Wird die Freigabe nicht erteilt oder hat das aufnehmende Land keinen Bedarf oder gibt es keinen Tauschpartner, dann ist eine Versetzung nicht möglich. Theoretisch bleibt noch der Weg über eine Kündigung. Diese Option beinhaltet Nachteile und wird daher selten genutzt. Manchmal ist ein Länderwechsel zu einer Schule in privater Trägerschaft oder über eine Funktionsstellenbewerbung möglich.

Fazit:

Das Angebot einer unbefristeten Planstelle ist ein großes Glück und verspricht große berufliche und finanzielle Sicherheit. Trotzdem sollten junge Lehrer:innen gut überlegen, bevor sie sich unter Umständen mit der Zusage für ein Lehrerleben an einen Ort binden.

Wie unterrichte ich Kinder von beruflich Reisenden?

Kinder von beruflich Reisenden sind beispielsweise Kinder von Schaustellerfamilien, Zirkusangehörigen oder anderen Personenkreisen, die beruflich mit der Familie unterwegs sind. Alle in Deutschland ansässigen Kinder dieser Personen haben Schulpflicht und dürfen nicht von ihren Eltern beschult werden. Sie haben eine Stammschule. Während der Reisen, oft die überwiegende Zeit des Jahres, fahren sie mit ihren Familien von Ort zu Ort und besuchen dort eine regionale Schule. Das ist für die Kinder eine große Erschwernis. Sie müssen mit ständig wechselnden Lehrkräften sowie Klassenmitgliedern klarkommen und sich an immer wieder neue Umfelder anpassen. Hinzu kommt, dass die Kinder beruflich reisender Personen oft im Familienbetrieb eingespannt sind und viele Schultage durch Reisetage verpassen.

Was sollten Lehrer:innen bedenken, wenn sie für eine Zeit lang diese Schüler:innen betreuen? Eine Unterstützung kann durch Lehrkräfte erfolgen, die für diese Kinder und Jugendlichen überregional zuständig sind. Zudem ist die Stammschule ein Ansprechpartner. An dieser Schule werden die Akten der Kinder und Jugendlichen gesammelt. Hier laufen also alle Fäden zusammen und man kann sich über die jeweiligen Schüler:innen informieren.

Zuallererst müssen diese Kinder und Jugendlichen in die Klassengemeinschaft eingeführt werden. Für die übrigen Klassenmitglieder ist die Situation besonders, da sie selten vorkommt. Sie müssen vorbereitet werden. Bestenfalls sollten sich die Reisenden schnell in ihren Klassen wohlfühlen, da das eine Grundvoraussetzung für Lernerfolg ist. Lehrer:innen sollten zu Beginn eine Lernstandserhebung machen, um zu sehen, wie sie am besten unterstützen können. Hier ist die Zusammenarbeit mit anderen Lehrkräften der Schule sowie anderen Professionen im Umfeld der Schule sinnvoll.

Dürfen Referendare mit dem Schulbuch arbeiten?

„Anwärterinnen und Anwärter dürfen nie mit dem Schulbuch arbeiten und müssen sich ihr Unterrichtsmaterial selbst erstellen.“ Tatsächlich ist diese Aussage in der Ausbildung von Anwärterinnen und Anwärtern permanent präsent. Sie stimmt jedoch nicht! Wenn die Fachkonferenz und der Schulbuchausschuss der Schule sich für ein Unterrichtswerk entschieden haben und die Schule oder die Eltern dieses angeschafft haben, sollte es auch verwendet werden. Dies gilt für den Alltagsunterricht und auch für jede Prüfungssituation. Aus eigener Erfahrung kann ich sagen, dass es Eltern sehr ärgert, wenn sie Schulbücher und Arbeitshefte anschaffen müssen, die nach dem Schuljahr noch nahezu unbearbeitet sind. Nur falls das verwendete Schulbuch keine passende Lösung bietet, sollte anderes Material bevorzugt und gegebenenfalls selbst erstellt werden. Das ist zugegebenermaßen nicht selten der Fall.

Tipp:
Eine (berechtigte) Frage der Prüfungskommission ist es, nach dem Grund für vom Schulbuch abweichendes Material zu fragen. Darauf sollten Prüflinge eine schlüssige Antwort parat haben.

Wie verhalte ich mich als Neuling an der Schule?

Lehrer:innen unterrichten in der Regel in ihrem Berufsleben nicht nur an einer Schule. Abgesehen von den Praktika im Laufe des Studiums wechseln viele nach ihrer Ausbildung die Schule. Andere tun es danach im Zuge von Abordnungen oder Versetzungen noch einmal.

Wenn es möglich ist, sollte man sich beim Kollegium der neuen Schule vorstellen, bevor man seinen ersten Unterrichtstag hat. Das bezieht sich auf die Lehrer:innen, die Schulleitung, das Sekretariat, Hausmeisterinnen und Hausmeister sowie weitere an der Schule arbeitende Menschen wie z. B. Sozialpädagoginnen und Sozialpädagogen. Bei dieser ersten Begegnung lernt man die Lehrkräfte der eigenen Fächer kennen und kann schon einmal Informationen über die Fachräume und Besonderheiten der Schule erfahren. Auch in die Schulbücher der Fächer sollte man sich vorher einarbeiten.

Am ersten Schultag stehen neue Lehrkräfte im Fokus und werden von allen Seiten beachtet. Je professioneller der erste Eindruck ist, desto besser gelingt der Beziehungsaufbau von Anfang an. Vielerorts wird es geschätzt, wenn man sich höflich und respektvoll begegnet. Bis man die Kommunikationsformen vor Ort kennt, ist man gut beraten, zurückhaltend und freundlich aufzutreten.

Bezogen auf den Unterricht ist eine gute Vorbereitung entscheidend. Der erste Unterrichtstag mit den jeweils ersten Begegnungen in den neuen Klassen sollte sehr gut geplant sein.

Ist das Referendariat die schlimmste Zeit des Lebens?

Man hört immer wieder, dass das Referendariat oder der Vorbereitungsdienst – wie es lehramtsübergreifend genannt wird – für viele Lehrer:innen eine schlimme Zeit war. Das ist sehr schade, denn es gibt auch Personen, die durchaus schöne Erfahrungen mit dieser Zeit verbinden. Es ist eine Zeit, in der viele junge Menschen das Wissen aus dem Studium erstmals praktisch einsetzen können; eine Zeit, in der junge Lehrkräfte zum ersten Mal Verantwortung tragen und die Wirkmächtigkeit ihres beruflichen Handelns erfahren. Auf jeden Fall ist diese Zeit ein Lebensabschnitt mit steiler Lernkurve.

Vielleicht sollte ergründet werden, warum so viele Horrorstorys über den Vorbereitungsdienst existieren. Grundsätzlich ist es so, dass sich negative Botschaften besser verbreiten, als es positive tun. Außerdem ist der Vorbereitungsdienst eine sehr arbeitsintensive Zeit. Neben dem eigenen Unterricht finden Ausbildung und Prüfungen statt. Die ehemaligen Studierenden können ihre Zeit nicht mehr frei einteilen. Meistens müssen Lehrkräfte deutlich vor der ersten Stunde in der Schule sein und starten in einen stressigen Tag. Die Rückmeldungen im Laufe des Vorbereitungsdienstes sind oft sehr persönlich. Im Unterricht zeigen Lehrer:innen immer etwas von ihrer Persönlichkeit. Wird das kritisiert, kann es an die Substanz gehen.

Mein Tipp:

Studierende sollten sich auf keinen Fall von diesen Negativgeschichten beeinflussen lassen. Sie sollten sich auf eine intensive und spannende Zeit freuen. Mit dieser Grundeinstellung gelingt der Start sicherlich besser. Vielleicht wird der Vorbereitungsdienst dann nicht zu einer schlimmen Zeit, sondern zu einer der schönsten Zeiten im Berufsleben.

Welche Aufgaben haben Schulsozialarbeiter:innen?

Schulsozialarbeiterinnen und Schulsozialarbeiter sind eine wichtige Unterstützung in einer Schule. Durch ihre Ausbildung besitzen sie andere Kompetenzen als die Lehrkräfte der Schule. Zudem nehmen sie auch eine andere Rolle ein. Lehrkräfte sind immer auch die Bewertenden. Die Schulsozialarbeit dagegen vergibt keine Noten. Gespräche finden im vertrauensvollen Rahmen statt.

Das berufliche Profil von Sozialarbeiterinnen und Sozialarbeitern bietet Schulen eine enorme Chance. Gegenüber diesen nicht an Schulleistung orientierten Fachkräften können sich Schüler:innen unbefangener öffnen. An vielen Schulen sind die Fachkräfte der Sozialarbeit für die Schülerschaft zumindest zu Sprechzeiten erreichbar. Sie gestalten Projekte und unterstützen Klassengemeinschaften bei konkreten Problemen. Beispielsweise übernehmen sie häufig die Durchführung eines Anti-Mobbing-Konzeptes.

Tipp:
Wenn Lehrer:innen neu an eine Schule kommen, sollte ein Gespräch mit der Schulsozialarbeit zu den wichtigen ersten Schritten gehören.

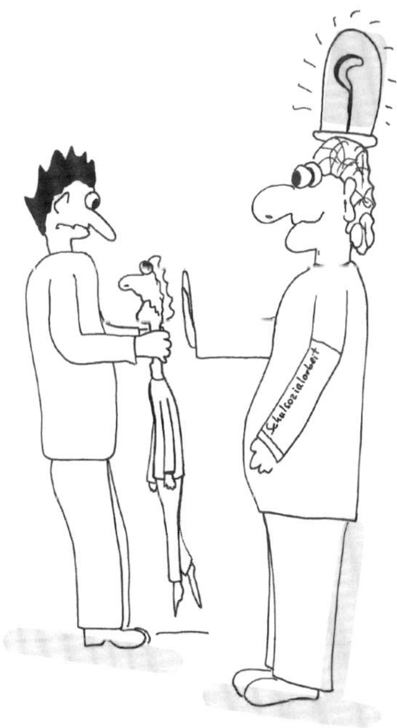

Wie läuft eine Zeugniskonferenz ab?

Die Zeugniskonferenz ist das schulische Gremium, das kurz vor der Erstellung der Zeugnisse zusammentrifft und über die einzelnen Fachnoten, die – falls vorhanden – Kopfnoten sowie mögliche Bemerkungen entscheidet. Sie ist eine besondere Form der Klassenkonferenz, da alle Lehrkräfte der Lerngruppe und meistens auch ein Schulleitungsmitglied anwesend sind.

Zeugniskonferenzen werden in der Regel gut vorbereitet, sodass in der Konferenz nicht mehr über jede Einzelnote diskutiert werden muss. Oft liegen im Lehrerzimmer der Schule vorher Listen aus, in denen jede Lehrkraft die von ihr vorgesehene Note für ihre Schüler:innen einträgt. Zusätzlich wird ein Hinweis für die Kopfnoten Mitarbeit und Verhalten gegeben. Die Klassenleitung formuliert auf dieser Grundlage ihren eigenen Vorschlag für die Kopfnoten.

In der Zeugniskonferenz geht es dann meist schnell. Im Einzelfall wird jedoch über Noten oder Bemerkungen diskutiert. Jede beteiligte Lehrperson sollte daher fähig sein, aus dem Stegreif ihre Einschätzung zu begründen, und natürlich alle entsprechenden Unterlagen dabeihaben.

Notenliste – 9b – 1. Halbjahr

Name	Mitarbeit	Verhalten	Deutsch	Mathe
[illegible]	2	1	4	4
[illegible]	2	1	3	4
[illegible]	1	1	5	5
[illegible]	2	1	2	2
[illegible]	2	2	2	1
[illegible]	1	1	1	5
[illegible]	3	1	3	3
[illegible]	2	1	2	4
[illegible]	2	2	3	2

Tipp:

Da der Ablauf einer Zeugniskonferenz an jeder Schule sicherlich etwas anders ist und sich auch die entsprechenden Vorgaben unterscheiden, sollten neue Kolleginnen und Kollegen sich im Vorhinein darüber informieren, was der schuleigene Modus ist und wie man sich am besten auf die Konferenz vorbereiten kann.

Was ist, wenn Schüler:innen mir überlegen sind?

Idealerweise sollte das bis zur Oberstufe nicht passieren. Bei besonders begabten Schüler:innen in einer Hochbegabtenklasse oder einem Leistungskurs in der Oberstufe kann es sicherlich vorkommen, dass Schüler:innen intelligenter oder aufgrund eines besonderen Interesses fachlich weiter sind als die Lehrperson. Es ist grundsätzlich gut, wenn Lernende besonders leistungsstark sind und die Lehrperson vielleicht dazu beigetragen hat, dass Klassenmitglieder ein besonderes fachliches Interesse entwickelt haben.

Lehrer:innen müssen nicht immer alles wissen und es ist vollkommen in Ordnung, wenn sie von Zeit zu Zeit ihre Unkenntnis eingestehen. Sie sollten ihre Rolle weg vom reinen Wissensvermittler und hin zum Lernbegleiter verändern. Die Aufgabe des Lernbegleiters ist es dann, die richtigen Impulse zu setzen und gegebenenfalls Möglichkeiten aufzuzeigen sowie Kontakte herzustellen. In einer besonders lernstarken Klasse müssen sie zudem die schwächeren Schüler:innen im Blick behalten und durch Differenzierung erreichen, dass diese Kinder und Jugendlichen nicht abgehängt werden.

Wie schaffe ich es, im Lehrerzimmer zu arbeiten?

Welche Lehrkraft kennt das nicht: Man hat an einem Vormittag eine Freistunde und nimmt sich vor, in dieser Zeit Tests zu korrigieren oder einen Elternbrief zu schreiben. Es ist eine sehr gute Idee, die freie Zeit im Schulgebäude so zu nutzen, dass man damit für den Nachmittag oder Abend Freiräume schafft. In der Realität kommt es meist anders. Man trifft im Lehrerzimmer nette Kolleginnen und Kollegen, kommt ins Gespräch, und bevor man sichs versieht, ist die Freistunde herum und nichts ist erledigt.

Die Kommunikation mit Kolleginnen und Kollegen ist sehr wichtig und man sollte sie in Freistunden unbedingt zulassen. Es muss jedoch auch Freistunden geben, in denen man effektiv arbeitet. Ein Weg dahin ist eine Vereinbarung mit dem gesamten Kollegium. Da jedes Kollegiumsmitglied in der gleichen Situation ist, sollten klare Regeln für das Lehrerzimmer vereinbart werden. Diese könnten lauten, dass Kolleginnen und Kollegen, die an den PC-Arbeitsplätzen im Lehrerzimmer sitzen, nicht angesprochen werden oder dass – wenn möglich – kollegiale Kommunikation in einem Besprechungsraum stattfindet, um die anderen nicht zu stören. In manchen Schulen sind neben Lehrerzimmern auch Lehrerarbeitsräume eingerichtet. In diesen Räumen sollte gleichsam wie in einer Bibliothek Ruhe herrschen. Es ist im Übrigen kein Problem, wenn Lehrer:innen ihrem Umfeld während einer Freistunde freundlich mitteilen, dass man die Zeit zur Arbeit nutzen möchte und diesmal nicht an einer kollegialen Kommunikation teilnimmt.

Wie bereite ich einen Elternsprechtag vor?

Der Elternsprechtag ist für Lehrkräfte eine gute Möglichkeit, die Eltern ihrer Schüler:innen kennenzulernen und gemeinsam zu überlegen, wie die Entwicklung des Kindes gefördert werden kann. Auf jeden Fall sollte dies das Ziel eines jeden Elterngespräches sein. Schule und Eltern bilden ein Kooperationsteam zum Wohl der Kinder und Jugendlichen. Dieses Ziel der gemeinsamen Förderung kann nur erfüllt werden, wenn der Austausch nicht auf die reine Information über den Notenstand beschränkt bleibt, sondern wenn beide Parteien die Situation so gut analysieren, dass daraus Schlüsse zur Weiterentwicklung der Schülerin oder des Schülers abgeleitet werden können.

Lehrer:innen sollten sich in Vorbereitung des Gespräches konkrete Fördermöglichkeiten überlegen, die Eltern mitgestalten können. Das kann ein Nachhilfeangebot, die Unterstützung bei den Hausausgaben oder auch nur die Aufforderung zum interessierten Fragen sein. Wichtig: Das Loben sollte bei einem Elterngespräch nicht zu kurz kommen. Lehrer:innen sollten den Eltern unbedingt sagen, was ihre Kinder gut machen.

Viele Eltern sind aufgeregt, wenn sie zu einem Elternsprechtag müssen. Sie fühlen sich in der Schule und der Lehrkraft gegenüber unsicher. Lehrer:innen sollten versuchen, diese Aufregung abzubauen, indem sie erst mal freundlichen Smalltalk praktizieren. Auch bei schwachen Schüler:innen sollte nicht sofort mit der Tür ins Haus gefallen werden, indem die schlechten Noten vorgelesen werden. Die direkte Konfrontation mit Negativem wirkt nicht beziehungsfördernd. In einer freundlichen sowie wertschätzenden Atmosphäre kann viel produktiver gearbeitet werden.

Wie bereite ich einen Elternabend vor?

Der Elternabend ist oft der erste Kontakt mit den Eltern der Schüler:innen. Bekanntlich gibt es keine zweite Chance für einen ersten Eindruck. Aus diesem Grund sollten Elternabende sehr gut vorbereitet sein.

Schon mit der Einladung sollten Tagesordnungspunkte an die Eltern versendet werden. Die Informationsteile des Elternabends sollten so geübt werden, dass diese Art der Präsentation flüssig und kompetent vorgetragen werden kann. Zudem sollte man sich überlegen, welche möglichen Fragen aufkommen könnten, welche Themen kritisch sind und aus welcher Richtung dazu möglicher Gegenwind zu erwarten ist. Die Antworten auf kritische Fragen kann man sich dann im Vorhinein zurechtlegen.

An manchen Elternabenden muss die Wahl der Elternvertretung stattfinden. Lehrer:innen sollten sich unbedingt vorher in die geltende Wahlordnung einarbeiten und diese der Elternschaft auch gut erklären können. Nichts ist ungünstiger, als wenn bei der Wahl die Formalien nicht klar sind und man unter Umständen einen Formfehler begeht und die Eltern noch einmal zur Wahlwiederholung antreten müssen.

Tipp:

Die Zeit vor und nach dem offiziellen Teil sollte zum Smalltalk genutzt werden. Es ist eine gute Gelegenheit, um sich besser kennenzulernen. Die Erfahrung zeigt, dass eine gute Stimmung mit den Eltern die beste Prävention ist, wenn im Verlauf des Schuljahres kritische Themen aufkommen und geklärt werden müssen.

Wie schreibe ich einen Elternbrief?

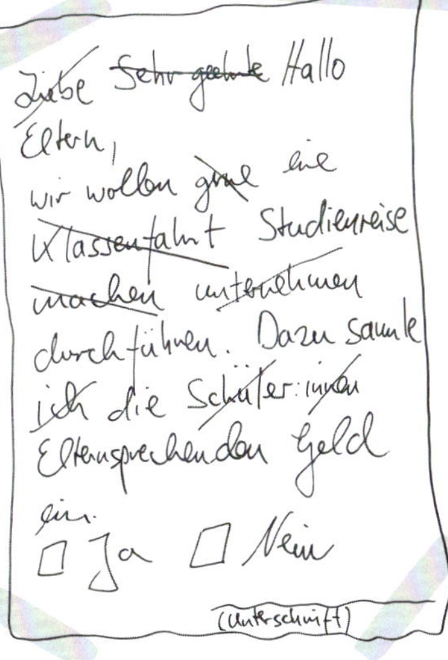

Von Zeit zu Zeit müssen Lehrkräfte Elternbriefe schreiben, um die Erziehungsberechtigten über wichtige Entwicklungen in der Schule zu informieren. Zu manchen Ereignissen muss schriftlich eingeladen werden. Das sind beispielsweise Elternabende. Über manche Unterrichtsinhalte muss informiert werden. Beispiele hierfür sind der Sexualkundeunterricht im Fach Biologie oder der Schwimmunterricht in Sport. Abgesehen von diesen Pflichtschreiben eignen sich regelmäßige Elternbriefe, um mit der Elternschaft in Kontakt zu bleiben. Ein monatlicher Rundbrief mit Informationen rund um den Schulbetrieb und die Klasse wäre sehr wünschenswert. Dies geht ohne Probleme digital als Mail und hat nicht zwangsläufig viele Kopien zur Folge.

Elternbriefe sollten sprachlich und auf die Orthografie bezogen vorbildlich sein. Man erwartet von Lehrkräften, dass sie fehlerfrei schreiben und die Kommasetzung beherrschen. Falls diesbezüglich Unsicherheiten bestehen, sollten die Elternbriefe von einer zweiten Person korrigiert werden. Die Texte sollten gut verständlich und eindeutig sein sowie keine Fragen offenlassen, damit nicht nach jedem Elternbrief am Abend der Telefonhörer glüht.

Tipp:

Rechtschreib- sowie Zeichensetzungskorrekturprogramme können bei der Erstellung von Elternbriefen helfen. Dokumente, die an viele Adressaten gesendet werden, sollte eine zweite Person Korrektur lesen, um Flüchtigkeitsfehler zu vermeiden.

Was ist eine Funktionsstelle?

Ausgebildete Lehrkräfte arbeiten meist zu Beginn ihrer Berufslaufbahn als Lehrer:innen in einer Schule. Die meisten üben ein Leben lang diese Tätigkeit aus. Es besteht jedoch die Möglichkeit, sich auf eine Funktionsstelle zu bewerben. Das ist meist mit einem beruflichen sowie finanziellen Aufstieg verbunden. Es gibt unterschiedliche Arten von Funktionsstellen. Die Schulleitung und das erweiterte Schulleitungsteam stellen z. B. eine solche Funktionsstelle dar. Je nach Schulart und Bundesland sind innerhalb der Schule weitere Funktionsstellen definiert, die jeweils mit einem zusätzlichen Aufgabenbereich verbunden sind. Auch außerhalb der Schule gibt es Funktionsstellen. Lehrer:innen arbeiten beispielsweise in der Schulaufsicht oder als Pädagogen in externen Einrichtungen. Das können Theater, Umweltschutzprojekte oder Gedenkstätten sein.

Fazit:

Für Lehrer:innen bieten sich viele unterschiedliche Arbeitsfelder an, die nicht unbedingt im Klassenraum liegen.

Wie kann ich als einzelne Lehrkraft Schulentwicklung betreiben?

Man denkt immer, dass eine Einzelperson nichts bewirken kann und dass eine einzelne Stimme nichts zählt. Das ist im Kontext der Schule auf keinen Fall so. Lehrer:innen sind Multiplikatoren. Sie unterrichten im Laufe ihres Berufslebens viele Hundert Schüler:innen und prägen dadurch sehr viele Menschen. Die permanente Weiterentwicklung des eigenen Unterrichts ist bereits Schulentwicklung im Kleinen, die sehr wirkungsvoll ist.

Lehrer:innen sind Mitglied der Gesamtkonferenz, eines Gremiums, das in der Schule großen Einfluss hat. Lehrer:innen können dort z. B. Schulentwicklung betreiben, indem sie sich aktiv in Konferenzen einbringen und dadurch versuchen, die eigene Schule ein Stück weit besser zu machen.

Jede Lehrkraft hat zudem die Möglichkeit, sich beruflich weiterzuentwickeln und in einer Funktionsstelle mehr Verantwortung zu übernehmen. Die Mitarbeiterinnen und Mitarbeiter von Schulbehörden oder Ministerien sind oft Lehrer:innen. Sie haben großen Einfluss auf die Weiterentwicklung von Schule im Allgemeinen.

Wie erforscht man Lernertrag?

Viele pädagogische Entscheidungen werden aus dem Bauch heraus getroffen. Manchmal gewinnt man zudem den Eindruck, dass auch Schulbehörden strukturelle Entscheidungen aus dem Bauch heraus treffen, ohne diese im Vorhinein wissenschaftlich zu klären. Es gibt in Deutschland in jedem Bundesland ein etwas anderes Schulsystem, teils sind die Schulkonzepte in wesentlichen Punkten gegensätzlich. Der Grund für das jeweilige System kann also nicht in einer evidenzbasierten Qualität begründet sein. Vielmehr geht es eher um wenig wissenschaftliche Grundannahmen darüber, wie Lernen am besten funktioniert oder welches Schulsystem für die Gesellschaft am lohnendsten ist.

Tatsächlich kann Lernertrag wissenschaftlich erforscht werden. Dies kann man durch mehrere Methoden tun. Jede Lehrkraft in der Schule könnte beispielsweise zwei Klassen einer Jahrgangsstufe parallel unterrichten und den Unterrichtsstil in einem Element abändern. Das wäre zwar bei dieser kleinen Menge der Probanden nicht repräsentativ, würde jedoch für die Lehrkraft einen fundierten Rückschluss auf ihren Unterrichtsmodus ermöglichen. Bei einer wissenschaftlichen Studie würde man die Menge der Schüler:innen erhöhen und gegebenenfalls Abweichungen wie die Intelligenz der einzelnen Kinder und Jugendlichen herausrechnen. Das kann man tun, indem man die Intelligenz der einzelnen Schüler:innen bestimmt und dann nur gleich intelligente Kinder miteinander vergleicht.

Eine zweite Möglichkeit sind bildgebende Verfahren. Führt ein Lernimpuls zu einer starken Durchblutung eines bestimmten Teils des Gehirns, kann man ableiten, dass dort gelernt wird. Computer können zudem anhand der erfassten Augenbewegungen sehen, welcher Bereich des Bildschirms und welche dort befindliche Lerninformation von besonderem Interesse sind.

Verstehen Schüler:innen Ironie?

Wenn Menschen Ironie einsetzen, behaupten sie etwas, das dem Gegenteil ihrer tatsächlichen Meinung entspricht. Dies wird so vorgetragen, dass alle oder zumindest viele Zuhörenden diese Umkehrung verstehen und als amüsant empfinden. Der Wortstamm des Begriffes Ironie kommt aus dem Griechischen und bedeutet so viel wie „Verstellung oder geheuchelte Unwissenheit". Ein typisches Beispiel dafür ist, wenn jemand ein Glas auf den Boden fallen lässt und daraufhin sagt: „Das habe ich wirklich großartig gemacht." Er verbalisiert also das Gegenteil von dem, was er eigentlich denkt.

Kinder können ab einem Alter von 6 Jahren Ironie verstehen. Das Verständnis von Ironie ist ein sehr individueller Prozess, und der Grad des Verstehens wächst mit den Jahren. Lehrer:innen können deshalb nicht davon ausgehen, dass Kinder in den unteren Klassenstufen diese Art von Humor verstehen. Aus diesem Grund sollte Ironie erst in höheren Klassenstufen eingesetzt werden. Falls Kinder und Jugendliche ironisch gemeinte Aussagen ihrer Lehrkraft für bare Münze nehmen, könnte das zu Beziehungseinschränkungen führen.

Ein Beispiel:

Sagt ein Lehrer zu einer besten Matheklasse mit einem Augenzwinkern, dass die vor ihm sitzenden Schüler:innen „die schlechtesten Mathematikerinnen und Mathematiker seiner Lehrerlaufbahn sind", könnte das auf einige Klassenmitglieder negativ wirken und die Beziehung belasten. Abgesehen davon wirkt eine ironische Äußerung auf eine schlechte Schülerleistung schnell beleidigend.

Warum muss Unterricht motivieren?

Motivation ist der Lernbooster schlechthin. Sind Menschen motiviert, erhöht sich die Wahrscheinlichkeit, dass nachhaltige Lernprozesse ausgelöst werden. Das kennt man aus dem eigenen Leben. Wenn man sich für etwas sehr interessiert, werden Informationen behalten und man toleriert bereitwillig viele Wiederholungen, um seine Kompetenz zu festigen.

Da Schüler:innen naturgemäß nicht für jedes Unterrichtsthema und Fach intrinsisch, also aus eigenem inneren Antrieb, motiviert sind, müssen Lehrer:innen dies durch ihren Unterricht ermöglichen. Sie sollten stets überlegen, wie sie eine möglichst große Schüleranzahl für das jeweilige Thema interessieren können. Das gelingt beispielsweise über einen Lebensweltbezug. Erkennen die Schüler:innen, dass der Unterricht für ihr Leben relevant ist, erhöht dies deren Motivation. Oft ist es möglich, ein Unterrichtsthema mit Schülerinteressen zu verbinden. Dazu müssen Lehrer:innen ihre Schülerschaft gut kennen.

Hinweis:
Es wird keinem Lehrer und keiner Lehrerin gelingen, stets alle Schüler:innen zu motivieren. Durch professionelles Unterrichtshandeln kann jedoch die Wahrscheinlichkeit dafür erhöht werden.

Bringen Hausaufgaben etwas?

Der neuseeländische Bildungsforscher John Hattie hat in seiner Metastudie „Visible Learning“ die Wirkung von verschiedenen Faktoren auf den Lernerfolg untersucht. Tatsächlich kamen die Hausaufgaben dabei nicht gut weg. Deren Wirkung ist gering. Andere Faktoren wirken dagegen deutlich stärker auf den Lernerfolg.

Hattie schreibt, dass die Art und Weise der Hausaufgaben entscheidend ist. Hausaufgaben, die rein wiederholenden Charakter haben, sind deutlich weniger lernwirksam als Aufgaben, die das in der Schule erlernte Wissen vertiefen und nach Eigenständigkeit der Schüler:innen verlangen. Ebenso ist die Intensivität der Unterstützung der Eltern bei den Hausaufgaben ein entscheidender Faktor. Man könnte sagen, dass

Hausaufgaben die sozioökonomische Ungerechtigkeit des Systems Schule verstärken, da nicht alle Kinder in gleichem Maße von ihren Eltern unterstützt werden können.

Grundsätzlich kann festgehalten werden, dass Hausaufgaben durchaus einen positiven Effekt auf den Lernprozess von Schüler:innen haben können. Sie müssen jedoch sinnvoll gestellt sein. Hausaufgaben allein der Hausaufgaben wegen sollten nicht aufgegeben werden. Hausaufgaben müssen auf den Inhalten der Stunde aufbauen und die Lerngruppe dazu anregen, selbstständig weiterzudenken.

Hausaufgaben können sinnvoll im Rahmen des Flipped Classroom eingesetzt werden. Bei diesem didaktischen Konzept bereiten die Schüler:innen unbekannte Lerninhalte vor, die in der Stunde dann gemeinsam mit der Lehrkraft auf einem inhaltlich höheren Niveau besprochen werden können.

Verändern sich die Kinder zum Negativen?

Von wem stammt wohl das folgende Zitat? „Die Jugend liebt heutzutage den Luxus. Sie hat schlechte Manieren, verachtet die Autorität, hat keinen Respekt vor den älteren Leuten und tyrannisiert ihre Lehrer." Es wird Sokrates zugeschrieben, allerdings ist nicht zweifelsfrei geklärt, ob der große Philosoph diese Worte tatsächlich ausgesprochen hat. Das Zitat ist jedoch mindestens hundert Jahre alt und soll bezeugen, dass die Meinung der älteren Generation über junge Menschen häufig negativ ist.

Wer hat nicht schon mit einem älteren Lehrer gesprochen, der davon schwärmte, was früher fachlich möglich war und wie unfähig die Schüler:innen heute sind. Jedoch gibt es keinen wissenschaftlichen Beweis dafür, dass Kinder und Jugendliche heute weniger intelligent als früher sind. Es gilt zu berücksichtigen, dass viele Schüler:innen heute in Bereichen sehr kompetent sind, die es früher nicht gab. Hier muss man nur an soziale Medien oder Hardware wie beispielsweise Smartphones denken.

Fazit:

Die Diskussion über die heutige Jugend mit ihren Stärken und Schwächen ist müßig. Lehrer:innen müssen die einzelnen Kinder in ihren Klassen bestmöglich unterrichten. Sie müssen Chancen erkennen, Talente entwickeln und Schwächen ausgleichen.

Sollten Hausaufgaben in Zeiten von KI noch aufgegeben werden?

Tatsächlich ist es mit frei zugänglichen Online-KIs sehr leicht, wissensbasierte Hausaufgaben zu lösen. Es genügt oft, die Aufgabenstellung in das Eingabefeld der KI einzugeben – und schon erhält man eine meist sehr gute Lösung. Hausaufgaben wie beispielsweise die Frage nach dem Grund für den Untergang des Römischen Reiches werden von der KI wahrscheinlich in Nullkommanichts besser beantwortet, als es jede Schülerin und jeder Schüler könnte. Selbst Fragen nach einem Werturteil erledigt die KI. Fragt man beispielsweise die Software, ob man Musik von moralisch anzuzweifelnden Komponisten hören darf, antwortet die KI mustergültig und führt auf Wunsch Beispiele aus der Musikgeschichte und der heutigen Zeit auf.

Die Nutzung einer KI zu verbieten, bringt also nichts, da man schlecht nachweisen kann, ob die Hausaufgaben eigenständig oder mit künstlicher Hilfe erstellt wurden. Ein Verbot würde zudem die Chancenungleichheit erhöhen, da Schüler:innen ohne Zugang zu KI im Vergleich zur Klasse wahrscheinlich deutlich schwächere Leistungen erbringen würden.

Da die Büchse der Pandora sich nicht mehr schließen lässt, muss überlegt werden, Hausaufgaben trotz KI lernwirksam zu gestalten. Eine Möglichkeit wären Aufgaben, die sich mit KI nicht lösen lassen, da sie sich beispielsweise auf einen Buchtext beziehen. Außerdem können KIs bewusst eingebunden werden, indem die Aufgabenstellung so komplex ist, dass Schüler:innen sich für die Lösung intelligente Fragen an die künstliche Intelligenz überlegen müssen. Oder man könnte der Lerngruppe deutlich machen, dass Hausaufgaben nicht zum Selbstzweck aufgegeben werden, sondern der Festigung von Unterrichtsgegenständen dienen und es in Anbetracht einer anstehenden Klassenarbeit nicht förderlich ist, die Hausaufgaben von einer KI machen zu lassen.

Warum dürfen sich Lehrkräfte nicht auf dem Volksfest betrinken?

Lehrkräfte, zumindest verbeamtete Lehrkräfte, haben eine Wohlverhaltenspflicht gegenüber dem Staat. Dies bezieht sich nicht nur auf die Arbeitszeiten. Begeht eine verbeamtete Lehrkraft außerhalb ihres Dienstes eine Straftat oder verhält sich grob sittenwidrig, kann das dienstliche Konsequenzen haben.

Ein Vollrausch bei einem Volksfest fällt wahrscheinlich nicht in diese Kategorie und dürfte dienstlich nicht relevant sein. Wenn man sich dabei der Erregung öffentlichen Ärgernisses schuldig macht, könnte die Angelegenheit schon anders aussehen.

Abgesehen von der dienstlich relevanten Wohlverhaltenspflicht hat ein Fehlverhalten einer Lehrkraft auch eine pädagogische Ebene. Lehrer:innen stehen immer im Fokus ihrer Schüler:innen. Man kann davon ausgehen, dass Schüler:innen es sehr genau beobachten würden, wenn ihr Klassenlehrer volltrunken über ein Volksfest wankt.

Folglich dürfte es wahrscheinlich sein, dass Smartphone-Videos dieses Fehltritts schnell auf dem Schulhof kursieren würden. Dadurch könnte das Ansehen der Person sinken und Disziplinprobleme könnten auftreten. Die letzten Sätze sind bewusst im Konjunktiv formuliert, da bezogen auf Disziplin selten ein einzelnes Kommunikationselement diese Wirkung auslöst.

Es gilt also zu bedenken:

Lehrerin und Lehrer zu sein bedeutet immer, in der Öffentlichkeit zu stehen. Dessen müssen sich Menschen, die diesen Beruf ergreifen, bewusst sein. Aus diesem Grund arbeiten einige Kolleginnen und Kollegen nicht an ihrem Wohnort und nehmen eine längere Anfahrtszeit zu ihrer Einsatzschule in Kauf. Sie müssen dann nicht ständig damit rechnen, während der Familienzeit im Garten oder beim Wocheneinkauf im Supermarkt beobachtet zu werden.

Dürfen Lehrkräfte beliebig viele Nebentätigkeiten ausüben?

Grundsätzlich dürfen Arbeitnehmerinnen und Arbeitnehmer nicht beliebig viele Nebentätigkeiten ausüben. Dies gilt im Besonderen für verbeamtete Lehrkräfte. Die juristische Argumentation bezieht sich dabei vor allem auf die unzureichende Erholungszeit oder die befürchtete Überlastung der Arbeitenden. In den meisten Fällen ist die maximale Wochenarbeitszeit deshalb limitiert, insbesondere muss der Arbeitgeber einer Nebentätigkeit zustimmen. Tut er dies nicht, darf die Nebentätigkeit nicht ausgeübt werden.

Für Lehrkräfte gibt es einheitliche Regeln, um Vergleichbarkeit herzustellen. Grundsätzlich dürfen Nebentätigkeiten beispielsweise nicht in der Arbeitszeit ausgeübt werden. Meist ist die zusätzlich mögliche wöchentliche Arbeitszeit auf 8 Stunden limitiert.

Nebentätigkeiten dürfen nicht gegen die Interessen des Dienstherrn verstoßen. Zudem unterliegen Beamtinnen und Beamte der Wohlverhaltenspflicht. Es sind folglich nur Nebentätigkeiten zu empfehlen, die nicht gesellschaftlich anrüchig sind.

Die Regeln sind in den Bundesländern etwas unterschiedlich. Wie bereits geschrieben, müssen Nebentätigkeiten vor deren Ausübung angezeigt werden und dürfen erst nach Genehmigung ausgeübt werden, sonst können empfindliche Konsequenzen folgen (z. B. ein Disziplinarverfahren).

Muss ich alles tun, was mein Schulleiter sagt?

Schulleiterinnen und Schulleiter sind die unmittelbaren Vorgesetzten der Lehrer:innen an einer Schule. Die Schulleitung trifft unter Beachtung der betreffenden Verordnungen, Gesetze und den Beschlüssen der Gesamtkonferenz die Entscheidungen. Lehrer:innen müssen sich grundsätzlich den Anweisungen der Schulleitung beugen. Abgesehen davon handeln Lehrkräfte eigenverantwortlich. Wenn sie Bedenken haben, dass das angewiesene Handeln gegen geltendes Recht verstößt, dürfen Beamtinnen und Beamten remonstrieren. Eine Remonstration bedeutet, einen offiziellen Einspruch zu erheben. Sie können sich dazu auch an die dienstvorgesetzten Stellen wenden oder ihre Personalvertretung einbinden. Bleibt all dies wirkungslos, gibt es im Ernstfall nur den Klageweg. Wer die juristische Auseinandersetzung nicht führen möchte, muss sich der Entscheidung der Dienstvorgesetzten beugen oder die dienstlichen Konsequenzen tragen.

Meist muss bei allen formalen Eingaben der Dienstweg beachtet werden. Der Kommunikationsweg verläuft dabei jeweils zur nächsthöheren Zuständigkeitsstufe. Bestenfalls herrscht an der Schule ein wertschätzendes sowie offenes Kommunikationsklima, in dem man sich kritisch, aber offen begegnen kann. Die meisten Probleme können dann im persönlichen Gespräch geklärt werden. Es ist jedenfalls nicht gut, Beziehungen durch ein übereilt massives juristisches Handeln zu gefährden.

Muss ich mich an den Lehrplan halten?

Die viel beschworene Freiheit in Forschung und Lehre gilt allenfalls an der Universität. Sie gilt nicht an der Schule. Für Lehrkräfte gibt es mit den Lehrplänen oder ihren jeweiligen landes- sowie fachspezifischen Entsprechungen klare Vorgaben für die Lerninhalte. Dies gilt auch für die Kompetenzen, zu deren Erwerb die Lehrer:innen im Rahmen ihres Unterrichts anleiten müssen.

Lehrpläne sind im Allgemeinen relativ vage in ihrer Zielformulierung und lassen einen großen Spielraum zu. Sicherlich können abseits dieses Dokumentes auch Themenfelder oder Projekte bearbeitet werden. Es ist jedoch nicht möglich, ein ganzes Schuljahr lang völlig abseits dieser Vorgaben zu unterrichten.

Übrigens:

Lehrpläne sind nicht in Stein gemeißelt. Von Zeit zu Zeit berufen die Bundesländer Kommissionen ein, um Lehrpläne zu überarbeiten oder gänzlich neu zu konzipieren. Die Mitarbeit in einer solchen Kommission ist manchmal für Lehrkräfte möglich und damit eine gute Option, die eigenen Vorstellungen in ein landesweites Konzept einfließen zu lassen.

Darf ich als Lehrkraft ins Schwimmbad gehen?

Natürlich dürfen Lehrkräfte ins örtliche Schwimmbad oder auch in die Sauna gehen. Was für eine unnütze Frage?! Tatsächlich ist diese Frage jedoch für einige Lehrer:innen durchaus relevant, denn sie fühlen sich in einer solch exponierten Situation unsicher. Lehrkräfte sind immer ein Stück weit öffentliche Personen. Sie müssen damit rechnen, zumindest von ihren Schüler:innen sowie deren Eltern im Schwimmbad beobachtet zu werden. „Schau mal, welchen Bikini unsere Französischlehrerin trägt." „Unser Mathelehrer geht aber unfreundlich mit seinen eigenen Kindern um!" Oder: „Unsere Schulleiterin springt wie ein kleines Kind jauchzend vom Dreimeterbrett." Man fühlt sich manchmal wie ein Popstar, den die Fans auf Schritt und Tritt verfolgen.

Jede Lehrkraft muss entscheiden, ob sie diesen Grad an öffentlicher Aufmerksamkeit ertragen kann. Einige können es nicht und gehen nur im Urlaub in die Sauna oder besuchen Bäder in anderen Städten. Anderen ist es herzlich egal. Jede Lehrkraft muss hier ihren eigenen Weg finden.

Dürfen Lehrkräfte auch Politiker sein?

Selbstverständlich dürfen Lehrer:innen in der Politik aktiv sein. Viele tun es als Parteimitglied, in Ausübung eines Bürgermeisteramtes, als Mitglied des Landtages oder sogar im Bundestag. Der Bundestag veröffentlicht regelmäßig eine Aufstellung der Berufe der Bundestagsmitglieder. Ein großer Teil der Abgeordneten ist verbeamtet, und eine bedeutende Menge ist Lehrerin oder Lehrer. Winfried Kretschmann, der langjährige Ministerpräsident des Bundeslandes Baden-Württemberg, studierte Lehramt mit den Fächern Biologie und Chemie und arbeitete an einem Gymnasium.

Gut zu wissen: Je nachdem, welches Amt ausgeübt wird, müssen Beamtinnen und Beamte zumindest vorübergehend aus dem Beamtenverhältnis ausscheiden.

Abgesehen von Rechtswissenschaften und Politikwissenschaften ist Lehramt wohl die häufigste Studienrichtung von Politikerinnen und Politikern. Ein Grund dafür ist, dass Beamtinnen und Beamte bei der Ausübung von politischen Ämtern unterstützt werden. Eine zeitweise Freistellung von der Arbeit ist hier meist leichter zu realisieren, als es in anderen Berufen möglich ist.

Wenn Lehrkräfte politisch tätig sind, müssen sie sich in der Schule an die Vorgaben aus dem Beutelsbacher Konsens halten. Sie dürfen ihre Schüler:innen nicht mit ihrer politischen Meinung beeinflussen. Sie müssen sich im Unterricht mit ihrer politischen Meinung zurückhalten und politische Fragestellungen multiperspektivisch und neutral bearbeiten. Allen Schüler:innen muss es möglich sein, sich frei ihre eigene Meinung zu bilden.

Dürfen Lehrkräfte soziale Medien nutzen?

Als Privatperson dürfen Lehrkräfte natürlich soziale Medien nutzen, solange sie ihrer Wohlverhaltenspflicht als Beamtinnen und Beamte nachkommen. Sie müssen sich allerdings darüber klar sein, dass Schüler:innen sowie deren Eltern unter Umständen die privaten Beiträge und Fotos auf den Lehrerprofilen ansehen. Nicht jede Lehrperson möchte, dass ihre Klassen über ihre Hobbys, Urlaube oder Familien informiert sind. Lehrer:innen sollten ihre Posts unter der Annahme verfassen, dass Schüler:innen der Schule, deren Eltern sowie das Schulkollegium inklusive Schulleitung mitlesen können.

Die Frage, ob soziale Medien dienstlich genutzt werden dürfen, ist eine ganz andere. Unter Umständen gibt es diesbezüglich regelmäßig andere Vorgaben des Dienstherrn. Zudem können die Regeln in den einzelnen Bundesländern unterschiedlich sein. Grundsätzlich gilt, dass Lehrer:innen nicht als Privatpersonen agieren, wenn sie einen Beitrag über eine Schulveranstaltung via soziale Medien teilen. Sie vertreten dabei ihre Schule und gegebenenfalls das Land. Lehrkräfte sollten folglich nicht ohne grundsätzliche Zustimmung der Schulleitung aktiv werden. Unter Umständen muss die Schulleitung das Einverständnis erst beim Dienstvorgesetzten erbitten.

Mein Standpunkt:

Abgesehen von rechtlichen Fragen zum Datenschutz ist es durchaus zu begrüßen, dass Lehrer:innen sowie die gesamte Schulgemeinschaft soziale Medien nutzen, da diese in der Lebenswelt der Kinder und Jugendlichen eine große Rolle spielen.

Darf ich meinen Schüler:innen etwas verkaufen?

Grundsätzlich ist es Lehrkräften in Deutschland nicht verboten, ihren Schüler:innen etwas zu verkaufen. Ratsam ist es jedoch nicht. Ein solcher Handel kann schnell zu einem Interessenkonflikt führen, sogar der Vorwurf der Bestechlichkeit könnte im Raum stehen. Was wäre, wenn beispielsweise das Gerücht aufkäme, dass Lehrer X jenen Schüler:innen bessere Noten gibt, die in seinem als Nebentätigkeit geführten Fahrradhandel Zubehörteile einkaufen? Ob etwas daran wahr ist oder nicht – das Gerücht allein richtet Schaden an.

Manchmal können Lehrkräfte es nicht verhindern, dass ihre Schüler:innen oder deren Eltern bei ihnen einkaufen. Handelt es sich beispielsweise um einen als Nebentätigkeit geführten Onlinehandel mit direkter Kaufoption, kann der Anbieter keine Kunden ausschließen. Ein weiteres Beispiel: Wenn Lehrer:innen an der Gestaltung von Schulbüchern mitarbeiten, profitieren sie durch ihren Anteil am Verkaufserlös vom Verkauf ihrer Unterrichtswerke an die Schülerschaft. Das kann nicht als verwerflich angesehen werden.

Wie auch immer:

Lehrer:innen sollten sich gut überlegen, welche Folgen ihr Handeln in Bezug auf einen Verkauf selbst niedrigpreisiger Produkte haben könnte, und überlegt handeln.

Eines ist jedoch klar:

Auf keinen Fall sollten Lehrkräfte in der Schule für ein von ihnen verkauftes Produkt werben und Schüler:innen direkt ansprechen oder sie gar zum Kauf auffordern.

Dürfen Lehrkräfte Geschenke annehmen?

Oft wollen Klassengemeinschaften oder die Elternschaft ihren Lehrkräften zu besonderen Anlässen Geschenke machen. Es wird gesammelt, um an Weihnachten, dem Schuljahres-Abschluss oder gar dem Geburtstag ein Präsent zu überreichen.

Grundsätzlich ist hier Vorsicht geboten. Lehrer:innen dürfen, wenn überhaupt, nur Geschenke im Wert von einigen wenigen Euro annehmen. Da ein Machtgefälle zwischen Schülerschaft und der Lehrperson herrscht und Lehrer:innen für Noten und Abschlüsse verantwortlich sind, kann schnell der Eindruck der Bestechlichkeit entstehen. Geldwerte Präsente von einzelnen Kindern und Jugendlichen sind aus diesem Grund völlig auszuschließen.

Allerdings handelt es sich bei Geschenken an die Lehrkraft in den seltensten Fällen um Bestechungsversuche. Meist will man sich für die vergangene Zeit bedanken und eine Freude bereiten. Schüler:innen sowie deren Eltern fühlen sich schnell vor den Kopf gestoßen, wenn ein Geschenk abgelehnt werden muss. Das sind peinliche Situationen für alle Beteiligten. Damit es nicht zu einer solchen Situation kommt, empfiehlt es sich, vorab und vielleicht in einem Nebensatz zu thematisieren, dass Geschenke an Lehrpersonen nicht möglich sind. Diese Information gibt manchmal die Schulleitung als Teil eines Elternbriefes an die Schulgemeinschaft. Lehrer:innen können dergleichen auch in einem Smalltalk mit den Schüler:innen an passender Stelle unterbringen. Die Information spricht sich dann schnell rum.

Was tut die Personalvertretung?

Die Personalvertretung der Schule ist eine wichtige Institution mit großem Einfluss. Sie ist im Bereich der Lehrkräfte in verschiedene Ebenen gegliedert. In Rheinland-Pfalz vertritt der örtliche Personalrat die Kolleginnen und Kollegen der eigenen Schule. In der nächsthöheren Instanz ist der Bezirkspersonalrat angesiedelt, der die Lehrkräfte einer Region vertritt. Zuletzt fungiert der Hauptpersonalrat als direktes Bindeglied zur Politik.

Auf der untersten Ebene sorgt der örtliche Personalrat dafür, dass keine Kollegin und kein Kollege benachteiligt wird. Er ist eine Stelle, an die man sich vertrauensvoll wenden kann und die im Streitfall Lehrkräfte fachkundig unterstützt. Die Personalvertretung ist in vielen Bereichen der Personalführung einzubinden. Dies ist beispielsweise bei Versetzungen oder der Gestaltung eines Stundenplanes der Fall.

In regelmäßigen Abständen werden die Gremien der Personalvertretungen von den Mitarbeiterinnen und Mitarbeitern der jeweiligen Einrichtung gewählt. In den höheren Gremien gehören die Personalräte meist Verbänden an.

Darf ich Lerngruppen fotografieren?

Früher haben Lehrkräfte zu Beginn des Schuljahres Fotos ihrer neuen Schüler:innen gemacht, um deren Namen besser lernen zu können. Auf jeder Klassenfahrt und bei Schulveranstaltungen wurden ungefragt Bilder und Videos erstellt und beispielsweise bei Schulfesten gezeigt oder in Jahrbüchern abgedruckt.

Dies ist heute undenkbar. Einerseits hat sich die Meinung bezüglich des Datenschutzes in der Bevölkerung geändert, andererseits hat sich die Gesetzeslage verschärft. Bilder dürfen nur nach Zustimmung der Schüler:innen sowie bei Minderjährigen mit Einverständnis der Eltern gemacht werden. Die Art der Veröffentlichung muss gesondert geklärt werden. Abgesehen davon gibt es ein Verfallsdatum für die genannten Zustimmungen, und teils kann innerhalb dieser Frist die Zustimmung zurückgenommen werden.

Tipp:
Wer auf Nummer sicher gehen möchte, fertigt am besten keine Bild- oder Tonaufzeichnungen seiner Schüler:innen an. Oder er lässt sich im Vorhinein fachkundig beraten. Dies ist notwendig, da sich die Gesetze oder deren Auslegung permanent verändern können.

Muss ich Noten geben?

Lehrer:innen können gerne an der Diskussion über den Sinn und Unsinn von Benotung teilnehmen. Sie dürfen natürlich in Gremien beraten und gemeinsam mit der Politik an alternativen Konzepten arbeiten. Sie dürfen jedoch nicht auf eigene Faust entscheiden, ihren Schüler:innen keine Noten zu geben. Das würde gegen geltendes Recht verstoßen.

In den Gesetzestexten steht, dass eine Zeugnisnote aus einer Vielzahl unterschiedlicher Leistungsnachweise besteht. Damit ist zudem geregelt, dass es nicht rechtens ist, eine Zeugnisnote nur auf der Grundlage mehrerer Epochalnoten zu bilden.

Es gibt Klassenstufen und sogar Schularten, die auf Benotung verzichten, dort hat man sich auf eine automatische Versetzung verständigt. Dahinter steht ein eigenes Konzept, das die gesamte Schulgemeinschaft unter Einhaltung der rechtlichen Vorgaben beschlossen hat.